安徽省高校人文社会科学重大项目
"中药饮片委托生产许可及其监管方略"课题（SK2020ZD22）研究成果

中药产业高质量发展优化路径研究

张　静　著

中国科学技术大学出版社

内容简介

中医蕴含着中华民族的博大智慧,中药是中华民族的宝贵资源。伴随经济社会的不断发展,在预防、医疗、保健等维护人民群众生命健康方面,中药发挥着越来越显著的作用。本书基于中药全产业链的分析视角,归纳了中药产业发展的资源型、加工型、专业市场型、融合型、全产业链型五种路径现状,建立了包括资源保护与开发利用效率、创新水平、品牌影响力、融合水平以及中药产业链长度、丰度、宽度和关联度的多维评价指标体系,利用数据包络分析法、专利分析法、层次分析法、灰色关联度分析法、模糊综合评价法研究了中药产业发展路径存在的主要问题。在调查问卷和访谈提纲的基础上,运用扎根理论方法剖析了驱动因素,明确了促进中药产业高质量发展的绿色化、科技化、品牌化、融合化和专业化驱动因素及其作用机理,采用问卷调查法对驱动因素进行了实证检验,形成理论模型。基于理论模型,运用QCA组态分析确立了中药产业高质量发展的科技-品牌支撑型、绿色种植-科技专业型、绿色种植-品牌引领型三种优化路径,提炼出相应的路径选择、实现策略及案例例举,为中药产业高质量发展的优化路径选择提供了可执行的理论依据及实践范式。

图书在版编目(CIP)数据

中药产业高质量发展优化路径研究/张静著. —合肥:中国科学技术大学出版社,2023.10

ISBN 978-7-312-05771-7

Ⅰ. 中⋯　Ⅱ. 张⋯　Ⅲ. 中药材—制药工业—产业发展—研究—中国　Ⅳ. F426.7

中国国家版本馆CIP数据核字(2023)第163752号

中药产业高质量发展优化路径研究

ZHONGYAO CHANYE GAO ZHILIANG FAZHAN YOUHUA LUJING YANJIU

出版	中国科学技术大学出版社
	安徽省合肥市金寨路96号,230026
	http://press.ustc.edu.cn
	http://zgkxjsdxcbs.tmall.com
印刷	安徽省瑞隆印务有限公司
发行	中国科学技术大学出版社
开本	710 mm×1000 mm　1/16
印张	11
字数	209千
版次	2023年10月第1版
印次	2023年10月第1次印刷
定价	50.00元

前　言

中医蕴含着中华民族的博大智慧，中药是中华民族的宝贵资源。伴随社会和经济的不断发展，中医药在预防、医疗及保健等维护人民群众生命健康方面，发挥着越来越显著的作用。2019年颁布实施的《中共中央　国务院关于促进中医药传承创新发展的意见》及重点任务分工方案，提出大力推动中药质量提升和产业高质量发展。当前，中医药事业发展面临着得天独厚的条件，国家高度重视中医药事业的发展，现代中药也被列为大力推动的战略性新兴产业重要发展领域之一。可见，作为支撑医疗卫生事业和健康服务业重要基础的中药产业，正处于重要的发展战略机遇期，已成为极具关联性、成长性、带动性和发展潜力的朝阳产业。

2017年，《中共中央　国务院关于开展质量提升行动的指导意见》正式出台，表明我国经济发展进入高质量时代。梳理现有文献发现，针对产业高质量发展研究主要集中在文化、体育、粮食、健康养老等产业领域，中药产业的高质量发展研究相对欠缺。另外，健康产业已成为国家认定的产业分类，本书与"大健康"时代需求紧密贴合，对中药产业链进行综合性表述，将中药产业链扩展和延伸至中医药健康服务业，突破了传统中药产业多局限于中药材种植、加工和销售的认知，重视强调中药与健康产业的融合。中药产业发展处于起步阶段，现有文献并没有相对科学的针对当前中药产业发展路径的归纳，部分文献将"企业＋基地＋农户"的中药材种植组织模式视为路径。本书基于中药产业链研究视角，归纳出包括资源型、加工型、专业市场型、融合型、全产业链型的中药产业发展现有路径；依据中药产业发展中存在的问题，编制访谈提纲和调查问卷，通过运用理论方法，提取出绿色化、科技化、品牌化、融合化和专业化五大驱动因素，为中药产业高质量发展驱动因素提供了新的研究思路。结合多重驱动因素，采用QCA方法，得出四种组态结果，形成三种优化路径，分析选取与研究相关的应用实践。

本书结合高质量发展的政策背景，聚焦中药产业，以中药产业链为研究视角，解释了中药产业高质量发展的基本逻辑；针对中药产业发展现有路径开展诊断，基于钻石模型分析了中药产业高质量发展的必要性和可行性，设计出调查问卷及访谈提纲,寻找到中药产业高质量发展驱动因素,重点探讨了中药产业高质量发展优化路径,形成了较为完整的中药产业高质量发展路径研究体系。这对于深化医药卫生体制改革、培育经济发展新动能及推进健康中国建设等,具有理论、实践和学术上的研究价值。通过这些研究,理论上进一步揭示了中药产业发展的内在逻辑,丰富了中药产业高质量发展的内涵,为中药产业高质量发展提供了新思路;实践上延伸了中药的利用领域和空间,提升了中药产业贡献度和市场竞争力,助推中药产业成为地方特色产业和支柱产业,形成较为成熟的产业高质量发展实践范式。

目　　录

前言 ··· (i)
第1章　绪论 ·· (1)
　1.1　研究背景及意义 ·· (1)
　　1.1.1　研究背景 ·· (1)
　　1.1.2　研究意义 ·· (2)
　1.2　国内外研究现状及评述 ····································· (3)
　　1.2.1　国外相关研究 ··· (4)
　　1.2.2　国内中药产业研究 ······································ (6)
　　1.2.3　国内高质量发展研究 ··································· (12)
　　1.2.4　研究评述及总结 ·· (16)
　1.3　研究设计 ··· (18)
　　1.3.1　研究内容 ·· (19)
　　1.3.2　研究方法 ·· (20)
　　1.3.3　技术路线 ·· (21)
第2章　概念界定、理论基础及分析逻辑 ······················· (23)
　2.1　概念界定 ··· (23)
　　2.1.1　中药及中药产业 ·· (23)
　　2.1.2　高质量发展 ·· (24)
　　2.1.3　中药产业高质量发展 ··································· (25)
　2.2　理论基础 ··· (27)
　　2.2.1　高质量发展理论 ·· (27)
　　2.2.2　产业链理论 ·· (29)
　　2.2.3　产业结构理论 ··· (29)
　　2.2.4　可持续发展理论 ·· (30)
　2.3　分析逻辑 ··· (31)
　　2.3.1　中药产业链分析视角 ··································· (31)
　　2.3.2　分析框架 ·· (33)

第3章 中药产业发展现有路径分类及评析 (37)
3.1 中药产业发展现有路径分类及评析思路 (37)
3.1.1 中药产业发展现有路径分类 (37)
3.1.2 中药产业发展现有路径评析思路 (44)
3.2 资源型路径效率评析 (47)
3.2.1 评价方法及数据处理 (47)
3.2.2 测评结果分析 (51)
3.3 加工型路径创新能力评析 (53)
3.3.1 评价方法及数据来源 (53)
3.3.2 评价结果分析 (58)
3.4 专业市场型路径品牌效应评析 (59)
3.4.1 评价方法及数据处理 (60)
3.4.2 评价结果分析 (65)
3.5 融合型路径融合度评析 (66)
3.5.1 评价方法及数据处理 (67)
3.5.2 测算结果分析 (70)
3.6 全产业链型路径竞争力评析 (71)
3.6.1 评价方法及数据处理 (71)
3.6.2 测算结果分析 (73)

第4章 中药产业高质量发展驱动因素及作用机理 (77)
4.1 基于钻石模型的中药产业高质量发展必要及可行性分析 (77)
4.1.1 生产要素 (77)
4.1.2 需求条件 (79)
4.1.3 相关产业和支持产业的表现 (79)
4.1.4 企业的战略和结构以及竞争对手的表现 (80)
4.1.5 政府政策 (81)
4.1.6 机会 (82)
4.2 基于扎根理论的中药产业高质量发展驱动因素识别 (83)
4.2.1 深度访谈 (83)
4.2.2 编码 (86)
4.2.3 结论 (89)
4.2.4 文献支撑 (89)
4.3 中药产业高质量发展驱动因素实证检验 (92)
4.3.1 问卷设计 (92)
4.3.2 调查分析 (94)
4.3.3 结果说明 (110)

目 录

4.4 中药产业高质量发展驱动因素作用机理 ……………………… (111)
    4.4.1 单驱动因素作用机理 ……………………………………… (112)
    4.4.2 各驱动因素共同作用机理 ………………………………… (115)

第5章 基于多重驱动因素的中药产业高质量发展优化路径及实施 … (118)
5.1 基于QCA模型的中药产业高质量发展组合路径分析 ………… (118)
    5.1.1 中药产业QCA框架模型构建 …………………………… (118)
    5.1.2 变量选取与测量 …………………………………………… (120)
    5.1.3 单变量必要条件分析 ……………………………………… (124)
    5.1.4 条件组态分析 ……………………………………………… (125)
5.2 中药产业高质量发展优化路径选择 …………………………… (127)
    5.2.1 科技-品牌支撑型路径 …………………………………… (127)
    5.2.2 绿色种植-科技专业型路径 ……………………………… (128)
    5.2.3 绿色种植-品牌引领型路径 ……………………………… (128)
5.3 中药产业高质量发展优化路径实施 …………………………… (129)
    5.3.1 科技-品牌支撑型路径实施 ……………………………… (130)
    5.3.2 绿色种植-科技专业型路径实施 ………………………… (133)
    5.3.3 绿色种植-品牌引领型路径实施 ………………………… (135)
5.4 案例:"十大皖药"高质量发展优化路径选择及实施 ………… (142)
    5.4.1 "十大皖药"简介 ………………………………………… (142)
    5.4.2 "十大皖药"现有路径分类 ……………………………… (143)
    5.4.3 "十大皖药"高质量发展优化路径分析 ………………… (144)

第6章 中药产业高质量发展优化路径的保障措施 ………………… (147)
6.1 基于多重驱动因素的中医药政策调查 ………………………… (147)
6.2 相应保障措施 …………………………………………………… (149)
    6.2.1 拓展多元化的融资渠道 …………………………………… (150)
    6.2.2 满足中药产业用地需求 …………………………………… (150)
    6.2.3 优化专业人才队伍建设 …………………………………… (151)
    6.2.4 建立健全政策运行机制 …………………………………… (151)

第7章 研究结论与展望 ……………………………………………… (153)
7.1 研究结论 ………………………………………………………… (153)
7.2 研究展望 ………………………………………………………… (154)

参考文献 …………………………………………………………………… (156)

第 1 章　绪　　论

本章从研究背景及意义、国内外研究现状及评述、研究内容、方法与技术路线以及主要创新点上阐明本书的基本概貌。

1.1　研究背景及意义

1.1.1　研究背景

现有的政策支持、群众日益增长的健康需求和全球天然药物市场的迅速发展为中药产业发展带来新的利好和机遇。

(1) 政策支持为中药产业发展带来新利好

近年来国家为促进中药产业发展,陆续推出多项倾斜政策,明确中医药是国家发展战略的重要组成部分,如 2009 年国务院颁布实施的《关于扶持和促进中医药事业发展的若干意见》以及 2010 年出台的《国务院办公厅关于印发促进生物产业加快发展若干政策的通知》中都有提到;《中共中央关于全面深化改革若干重大问题的决定》也提出"完善中医药事业发展政策和机制";《中医药发展战略规划纲要(2016—2030 年)》则将中医药置于全社会经济发展的重要位置;2019 年 10 月颁布实施的《中共中央　国务院关于促进中医药传承创新发展的意见》及重点任务分工方案,提出大力推动中药质量提升和产业高质量发展。

国家的新医改方案也积极推动全社会基本医疗保障制度建设,明确投入 8500 亿元资金对其进行重点扶持。国家实施基本药物制度,中药作为国家医保体系的重要组成部分,也在新的基本药物目录中占有极大的分量,中成药品种就占国家基本药物目录的 1/3。而进入基本药物目录的药品不仅为大医院的首选用药,且在基层医疗机构中全部配备使用,并在医疗保障报销比例上高于其他药品,中药市场将进一步扩容。中药产业发展正处于重要的战略机遇期,拥有得天独厚的发展条件。

（2）人们日益增长的健康需求为中药产业发展创造新机遇

伴随社会经济的发展，人们的发展观念、消费观念、医疗观念都在发生变化，消费观念的改变以及生活水平的提高使得人们越来越关注自身生活品质、越来越注重保护身心健康，以人为本的可持续发展观、注重生活质量的消费观以及崇尚自然的医疗保健观日益深入人心，由单纯看病、治疗的传统医疗模式已经转向预防、治疗、康复、保健相结合的一体化和全生命周期模式。"返璞归真，回归自然"的热潮正在兴起，人们对健康越来越重视。而中药以其拥有的显著疗效、整体观理论思维、个性化辨证论治、毒副作用小和在疾病防治方面的独到之处，越来越受到消费者的重视和关注，且随着城镇化、老龄化进程加快，和亚健康人群的增加以及慢性病复发率的上升，人们对中医药的健康服务需求持续扩大。

（3）全球天然药物市场迅速发展，为中药产业开辟新市场

随着医药消费观念的更新，人们越来越多地关注化学药品对人体的副作用，进而世界范围内兴起崇尚天然药物、植物药和中药传统疗法的潮流，以中药材为原料来源生产制造的药物国际认知度不断提高，全球天然药物市场增长迅速，其在发达国家的年增长率达到10%以上，占全世界药品市场的份额也高达30%。开发利用中药材资源已成为世界医药发展的重要趋势，世界各国也在逐步放宽对中药的进口限制。受此影响，国内中药市场也迅速发展，众多传统的中药产品及品牌的市场美誉度和社会影响力持续提升，包括中药材、中药饮片和中药提取物在内的市场呈现出极大的发展潜力。中药国际贸易逐年攀升，为中医药健康产业发展带来了全新的机遇。同时，"一带一路"倡议的实施，也为中医药走向国际市场创造了条件，中药产业迎来了快速增长期。

1.1.2 研究意义

中药是我国拥有的独特宝贵资源，伴随经济社会的不断发展，在预防、医疗、保健等维护人民群众生命健康方面，中医药发挥着越来越为显著的作用。中药产业是支撑医疗卫生事业和健康服务业的重要基础，已成为极具关联性、成长性、带动性和发展潜力的朝阳产业，是助力我国经济转型升级的战略性产业，具有广阔的市场发展前景和战略地位。对其开展深入性研究，对于推动中药产业发展、推进健康中国建设、深化医药卫生体制改革、培育经济发展新动能等具有理论、实践和学术上的多重意义。

本书的研究意义如下：

（1）为中药产业高质量发展提供理论参考

目前来看，我国中药产业发展水平总体上还处于初期阶段，也未能形成指

导产业发展实践的系统理论,亟须建立完整的理论体系。同时,中药产业既具有药品的产业属性,又具有农产品的产业属性,如何确立符合中药产业本身特点的理论也就显得极为迫切和必要。

本书在现有经济学、管理学等相关理论的基础上,研究中药产业高质量发展的驱动因素和优化路径,完善促进中药产业高质量发展所需要的保障措施,为这些领域的研究提供直接理论证据支持,并且突破自然科学领域的研究范围,从经济学和管理学角度审视中药全产业链,进一步丰富中药产业研究成果,使中药研究体系更加系统和完整。

(2) 为地方中药产业高质量发展提供实践范式

通过研究中药产业的发展规律,建立中药产业高质量发展的多维评价指标体系,为各地区发展中药产业提供可参照的范式和案例,从而有效地集聚上下游中药产品、培育优势产业和新的经济增长点、降低产业发展相关的配套成本,推动产业专业化合作和共享,发挥产业链内各行为主体通过供需关系建立起来的链网式乘数效应,带动生态农业、生产加工业、物流服务业等多元产业发展,促进经济可持续发展。

通过中药产业发展的相关分析和评价,总结出中药产业高质量发展所依赖的政策、资金、技术及人才等各方面的保障条件,为各级部门和机构制定支持中药产业高质量发展的相关政策与措施提供具体的实施方案。此外,为未来一段时期中药产业确立高质量发展的基本原则、发展的战略方向和目标以及具体的路径选择,促进中药产业成为地方特色产业和支柱产业,增加农业和农民收入,助推乡村振兴。

(3) 推动医药产业经济、中医药健康管理领域的学术研究

中医药在我国虽然有着悠久的历史,但是文献梳理显示,从产业的角度来探讨和开展的相关研究并不显著,现有的关于中药方面的研究也多为药学等技术的视角,缺乏全产业链、高质量发展等经济学与管理学的研究视角。

本书基于产业链视角,对中药全产业链环节开展全面的分析和论证,在丰富现有研究成果的同时,也有利于带动和促进中药产业相关学术研究持续性地深入进行,提高学术研究水平,从而服务于中药产业的高质量发展。

1.2 国内外研究现状及评述

从国内国外两方面围绕中药产业、高质量发展进行文献综述,然而,由于中医药是我国独具特色的宝贵资源,国外研究不多,高质量发展主要是我国提出

的概念,在国外相对应的主要是经济增长。因此,研究现状及评述主要以中文文献为主。

1.2.1 国外相关研究

国外与中医药相关的研究集中在植物药领域,而与高质量发展相关的研究则主要体现在经济增长方面。

1. 中医药相关研究

面对现代医药的一些弊端,世界各国愈来愈重视传统医药,将其视为维护健康的重要途径,并且逐渐加大对传统药物的基础性研究力度,研究领域集中于对植物药或天然药物的研究,有些国家把中医药通常称为传统医学或补充、替代疗法的研究。

(1) 植物药的研究

中药很大一部分来源于植物药,而植物药的研究也为世界各国所重视,以西欧、北美为代表的植物药市场,以日本、韩国等东亚国家为代表的传统汉方药和韩药市场,以中国为代表的传统中药市场是当前世界范围内的三大国际天然药物市场,占全球 90% 的年销售量。在东南亚地区,由于拥有丰富的药用植物资源,如泰国的药用植物就占世界纪录药用的 2.6%[1],因而相关的研究集中于资源保护与现代化开发。欧盟地区也热衷植物药研究,尤其是德国对植物药的研究居世界领先地位。美国对植物药的研究注重采用化学方法从中提取出新的化合物,而通常不对植物药本身或其处方进行研究,因此,美国在植物药的成分研究上成果最为丰富。

(2) 新药研发

开发利用植物药资源创制新药产品,是国外在此领域的研究重点[2,3],但研发模式以单味制剂为主,研究主体多为企业和植物药研究机构。日本的药科和医科大学、相关企业、研究机构等都对汉方药开展广泛且深入的研究,政府也大力支持,形成了官、产、学合作研发的态势,且利用先进的现代制药技术来提升制药工艺和开发新产品。与新药研发需求相一致,国外非常重视对标准的研究,并将技术专利化[4,5],因而其开发的产品技术含量高,在国际市场上有较强的竞争力。另外,他们也高度重视质量评价研究,强调保证产品质量的一致性,比如采用指纹图谱等进行评价,以及采用法律法规、标准、注册等来保证植物药的质量和安全,例如《传统医学研究和评价方法指导总则》《植物药评价指南》以及 WHO 制定并发布的 5 卷植物药专论等[6-8]。

(3) 对中医药的关注和研究

以 traditional Chinese medicine & Chinese medicine & herbal medicine 为搜索条件,选取拥有绝大多数医药文献的 Elsevier 文献搜索平台查询国外关于中医药研究的概况,发现中医药英文文献呈逐年增长之态势,且主要是论文和文献综述,但 80%以上的论文仍为中国作者所写,表明中医药的研究力量仍以国内为主。研究热点集中在补充与替代医学领域,相应地也涉及老年病学、健康医学、睡眠医学等中医药具有特色优势的领域。

Wolsko 和 Ware[9]在对世界各国使用中医药进行调研的基础上,指出中医药作为替代疗法已经是普遍情况。Yuan 和 Lin[10]针对国外提出的中药复方治病缺乏临床证据、缺乏科学机理和质量控制等问题,进行了具体的分析,指出其是采用单一化学分析方法对待中药复方研究,强调不能过分依据西药标准研究中药。Jiang[11]运用现代科学理论,分析和研究了传统中医药,认为西方医药的评价指标并不适用于中医药的评价。Feng 和 Wu[12]在对中外医药文献进行整理和分析的基础上,提出建立中医药信息库,认为其对促进中药产业发展具有积极的意义。Wang 和 Mao[13]对国内 13 个中医药杂志的 7422 篇研究报告的质量进行了统计分析和评价。Ung C Y 等[14]通过人工智能方法验证了传统中药的复方作用机理,发现传统中药中所称的相生相克机理尽管并不是非常的明晰,却是真实存在的。Flower,Lewith 以及 Little 采用新的方法对中药汤剂的有效性进行了测试。[15]

此外,在发展方面,德国、法国和美国等部分欧美国家也均对中药的地位和作用予以基本认可,哈佛大学、斯坦福大学等世界著名科研院所也积极投入到中药的研究工作之中。美国 FDA 也在 2006 年 12 月发布《补充和替代医学产品及 FDA 管理指南(初稿)》,认同中医药的科学性,并指出其具有独特的文化传承背景、完整理论和独立实践体系。

(4) 研究方法以基础性研究为主

在研究方法上,国外主要是采用现代医学及科技方法开展植物药、中药等传统药物的基础药性研究,其是基于自然科学的方法来开展研究的[16,17],研究内容主要集中在中药所含有的有效成分检测、中药的药效作用机理、中药的毒理学即药代动力学研究等方面[18-23],但研究进展相对缓慢。

2. 高质量发展相关研究

国外一般较少提到高质量发展,多是研究经济增长质量,相关的概念表达有绿色增长、国家福利、可持续发展等,并对经济增长的来源、影响因素、波动等形成了一套完整理论[24-26]。Barro[27]从环境条件、收入公平、生育率、预期寿命、政治制度与宗教信仰视角研究了经济增长质量,欧盟从资源、经济、环境与社会等因素衡量可持续发展[28],荷兰以环境、生活、经济、自然资产、政策等因素来评估绿色增长[29]。Dietz 等[30]、Jorgenson[31]则关注福利生态,用其揭示人均自然资源生态消耗与人均社会福利水平的关系或可持续发展的状况。

国外产业高质量发展研究方面,同样甚少,类似的研究集中在产业结构转型升级,尤其是产业结构的高级化上[32]。如 Eggers 和 Ioannides[33]论证了产业结构对经济波动的影响,认为减少制造业而提升金融与服务业的比重有利于减少经济波动。Khandelwal[34]计算了由进出口产品单位价值、市场份额等指标组成的产品质量阶梯。Cai[35]对服务等具体行业发展质量进行了探究。Eberhardt 和 Teal[36]及 Moro[37]基于非均衡增长模型分析产业结构变迁、服务业成本病等对经济增速的影响。

1.2.2 国内中药产业研究

这里采用词频分析法,对有关中药产业研究文献的关键词进行统计分析,根据关键词词频确定国内研究现状综述框架。

1. 研究领域

基于词频统计,针对目前中药产业的研究领域和范围、研究热点和方法等进行分析,掌握中药产业领域的研究进展,预测中药产业未来研究的趋势。

选取收录文献较为齐全,并且能很好地反映某一领域研究现状新颖性和学术性特征的中国知识资源总库(CNKI)中的期刊文献为数据统计来源,以"中药产业"为篇名进行模糊检索,时间、期刊来源类别均不做限制,要求去除不相关文献和重复文献。

运行软件 NoteExpress,建立包括中药产业文献的标题、作者、年份、关键词、摘要、来源刊名等字段的题录。统计 NoteExpress 中的文件夹信息,共有 420 个关键词,对这些关键词进行同类项合并,进而按照词频高低进行排序,列出词频不少于 2 次的关键词表,如表 1.1 所示,该词表中共收录有 38 个关键词。

另外,将表 1.1 中药产业高频关键词表所表征的内容进一步归纳和提炼,以此揭示中药产业的研究现状及其热点,结果如表 1.2 所示。

表 1.1 中药产业研究高频关键词

序号	关键词	词频	序号	关键词	词频
1	中药产业	115	20	中药炮制	3
2	中药	20	21	中草药	2
3	中药现代化	17	22	西南地区	2
4	产业发展	16	23	医药产业经济	2
5	国际化	15	24	传承	2
6	产业链	14	25	四川	2
7	竞争力	13	26	安国市	2
8	创新	9	27	产业安全	2
9	对策	8	28	问题	2
10	集群	8	29	循环经济	2
11	中药资源	6	30	评价	2
12	中药饮片	5	31	广东	2
13	天然药物	5	32	SWOT 分析	2
14	标准化	5	33	高新技术	2
15	专利	4	34	大健康产业	2
16	战略	4	35	日本汉方药	2
17	现状	4	36	中药企业	2
18	比较优势	4	37	中药新药	2
19	科技产业基地	3	38	人力资源	2

表 1.2 中药产业关键词的表征内容分类

序号	表征内容	关键词及词频	合计
1	现状及问题	竞争力(13)、中药资源(6)、天然药物(5)、中药饮片(5)、比较优势(4)、现状(4)、问题(2)、评价(2)、医药产业经济(2)、产业安全(2)、中草药(2)、中药企业(2)、中药新药(2)、日本汉方药(2)、大健康产业(2)	55
2	产业链	产业链(14)	14
3	区域研究	四川(2)、安国市(2)、广东(2)、西南地区(2)	8

序号	表征内容	关键词及词频	续表 合计
4	支撑条件	标准化(5)、专利(4)、科技产业基地(3)、中药炮制(3)、高新技术(2)、人力资源(2)	19
5	发展方向	中药现代化(17)、产业发展(16)、国际化(15)、创新(9)、对策(8)、集群(8)、战略(4)、传承(2)、循环经济(2)	81
6	研究方法	SWOT 分析(2)	2

2. 主要内容

由表1.2可知,国内对中药产业研究领域可归类到现状及问题、产业链、区域研究、支撑条件、发展方向、研究方法等6个方面,以下逐一阐述各个部分的主要研究内容。

(1) 现状及问题研究

中药产业的现状及问题研究相对较为庞杂,所涉及的研究着眼点较多,但是未能形成体系,其中讨论较多的是竞争力研究。

其一,中药产业现状及问题研究。在核心期刊层面,对中药产业现状及问题探讨的文献不多,李正雄[38]、唐映军[39]、陆铭[40]分别对云南、北京、毕节和我国的中药产业现状及问题进行了描述,主要着眼点是基于各地的不同优势和劣势。马爱霞[41]从政治、社会、经济、文化、科技5个角度评价了中药产业现代化的发展成果。黄志勇[42]则应用主成分分析法对中药产业市场绩效进行了评价。吴伟梅[43]分析了岭南中药产业国际化发展中的出口品种、地区、产业创新能力和贸易壁垒等问题,并从产品、价格、渠道和促销提出相应的对策建议。刘峥屿[44]从种植、产值、财政、科技竞争力等方面剖析了湖南省中药产业发展存在的问题及对策。

其二,中药产业竞争力研究。这方面的研究文献较多,如王旭东[45]提出了衡量中药产业国际竞争力的三个核心指标,分别为企业规模与生产集中程度、劳动生产率和产业技术水平及创新能力;郝刚[46]依据贸易竞争力的指标做了分析,指出我国在中成药的生产制造上存在劣势,尤其在科技水平和研发能力上劣势明显,新药研发与国际差距较大,中药出口产品技术含量低,仅在中药材、提取和保健品上有一定的竞争优势;刘颖[47]采用SWOT模型、云模型、主成分分析和组合预测等方法,对我国的中药产业竞争力做了较为全面的分析和评价,得出总体竞争力在不断上升,以及中药材种植面积和中药总产值是影响我国中药产业竞争力最大的两个因素的结论。宋欣阳[48]则从我国中药国际市场份额、标准化生产能力、研发投入、国际专利水平等角度论述我国中药产业国际其三,中药企业及中药产品的研究。这方面的深入研究甚少,多是对中药企业及产品概况的介绍。杨逢柱[49]针对中药产业经济安全问题,构建了外资并购中药企业产业安全法律审查制度。舒燕[50]基于因子分析和聚类分析方法,对中药产业上市公司竞争力进行实证研究,提出相应地提升中药企业竞争力发展建议。缪珊[51]从我国中药资源和开发使用角度探讨中药新药研究和开发策略。冯国忠[52]阐述日本汉方药的发展概况,指出我国应从药用植物种植、研发与生产、销售、知识产权保护上提高中药产业的发展水平。张宏武[53]认为我国中药企业普遍存在研发成果转化能力差、研发创新意愿不足等问题,因此应重点研发经典名方复方制剂产品。

(2) 产业链及其环节的研究

这方面主要涉及中药产业链的内涵、问题和优化研究。

其一,中药产业链的内涵研究。我国学者一般"从产业环节之间的经济技术关联角度"界定中药产业链的内涵,闫希军[54]对现代中药产业链进行了界定,认为现代中药产业链是以现代中药制造为核心的,融合中药材种植养殖、药物研发、药物提取、药品制造、市场营销及服务为一体的产业体系;李羿[55]把中药产业在发展过程中的基本环节按照其内在联系的顺序排列所形成的链条称之为中药产业链,并指出中药新药研发、中药生产和中药销售是中药产业链的3个主要环节;李祺[56]认为中药产业链是从中药材种植到中药产品生产加工直至到达消费者手中的全过程各环节所构成的产业链条,并指出中药产品既包括中药饮片、中成药等直接产品,又包括功能性食品、保健品等相关产品;李剑[57]将中药材产业链和中成药产业链结合在一起,中药材产业链由前期部门、中药材生产部门、饮片等中药材初加工3个环节所组成,中成药产业链由制药工业部门、商业部门和药品消费3个环节所组成;闫娟娟[58]按照主体环节和辅助环节的不同,对中药产业链分别进行了界定,中药产业链主体环节由中药材种植、中药饮片加工和中成药生产以及中药流通与销售所组成,中药产业链辅助环节包括与中药相关的研发、标准、知识产权、政策等知识产业。

也有其他一些学者从产业体系角度理解产业链,如李泊溪[59]认为中药产业链是由中药农业、工业、商业和知识经济产业所构成的产业体系;李莉[60]对我国中药产业体系的形成和发展做了描述,指出从两晋南北朝到宋朝再到民国时期,分别经历了中药与中医的分化、中药加工业与商贸活动的分化和专营中药的铺户及大规模批发商和炮制厂的出现,形成了今天中药产业的基本格局;吴正治[61]认为中药产业体系是由中药材生产、中药工业和中药商业等组成的集产、供、销相结合的综合性产业;马爱霞等学者也认为中药产业是由包括中药农业、中药工业、中药商业和中药知识业等子产业所组成的产业体系;许双庆[62]认为中药产业结构体系包括中药农业、中药工业、中药商业和中药科技;肖培根[63]则认为是包括中药农业、中药工业、中药商业和中药文化。

其二,中药产业链问题研究。李全新[64]分析了中药材产业链的问题,认为中药材产业链受医药工业和气候环境的影响大、产业链长、可控性差、标准化程度低等问题。李剑[65]认为中药产业链存在基本环节不够完善、核心主体不明确、信息传递不连贯等问题。李祺认为中药产业链的各环节发展失衡、上游的优质原材料来源日渐减少、整体信息化水平偏低、各环节技术创新能力偏弱等问题。李军德[66]认为中药产业链短、中药资源保护与利用不协调、中药质量有待加强、产业整体水平不高、国际竞争力弱等问题。

其三,中药产业链优化研究。中药产业链优化方面的研究占据较大的比例,从研究角度来划分,主要有产业关联角度、系统管理角度、产业创新角度、产业链战略环节角度和产业集群角度。刘贵富[67]从产业关联的角度阐述了中药产业链的作用,认为中药产业链的加强可以带动中药农业、新型制药机械等相关产业的建立和发展,可以提升中药产业的竞争力和现代化水平。倪慧君[68]提出通过提高产业价值链内部的运作效率和整个产业链运作的一致性和协调性来提升中药产业的市场竞争力。闫希军提出建设现代中药产业链管理系统来加快中药产业现代化和国际化发展速度。丰志培[69]认为政府通过产业政策对系统中的创新要素进行引导和激励,可以解决中药产业的区域布局、集中度和产业链整合问题。吕文栋[70]从产业链战略环节角度分析了我国的青蒿素产业链,指出我国已形成从青蒿种植、加工提取、产品研发、成药制造到国际营销的产业链,但从全球价值链来看,我国仅在种植和加工提取这两个上游低价值环节占据优势,而在产品研发和市场营销这两个高价值链战略环节处于劣势。马爱霞[71]认为应从中药产业源头即加大中药资源的开发力度来保证中药产业的持续发展。陈弘[72]认为中药产业集群化发展有利于实现一体化的产业链管理,有助于产业链各环节的协同合作,进而提高整个产业链的运行效率。马彦[73]认为产业集群是促进产业资本链、技术链、信息链和物资链整合的有效途径和场所。刘霁堂[74]将传统中药集散地视作准中药产业集群,并就其向现代中药产业集群发展演变提出了由传统中药集散地经营者、服务者和政府三方共同发挥作用的实现路径。季德[75]指出中药材的种子种苗、种植、采收加工、饮片炮制等全过程均存在技术规范及质量标准的缺失情况,提出以饮片全产业链质量控制为基础,构建系列标准规范,建立饮片全产业链质量标准体系。

(3) 区域研究

核心期刊层面也很少见到对区域中药产业的研究,关键词显示仅有四川、广东、河北安国和我国的西南地区。张雄[76]分析了四川现代中药产业发展的基础、优势和对策建议;肖茜[77]从优化中药产业链条、提高中药科研成果转化率、扩大中药企业规模、提高中药制药企业经营管理水平上论证了如何提升四川中药产业竞争力。林吉[78]从支持科研机构进入企业技术中心等方面探讨了如何推动广东中药产业的发展。马英杰[79]强调安国市中药产业发展所依赖的资金和金融服务。鲁可荣[80]分析了我国西南地区中药产业发展的现状、问题、发展模式及机制。

区域研究也涉及中药产业布局方面。李振吉[81]对我国中药产业布局做了总体思路上的设计,要求明确中药产业发展趋势的导向作用,以"政府引导、区域化布局、差异化发展、互补共赢"为基本原则,以共同发展利益目标为基础,充分发挥各地的资源优势,确立北方、华北华中、东部、南方、西南、西北六大中药产业发展区域,促进中药产业与区域创新系统的耦合,推动中药产业成为国家的支柱产业。陈聪[82]依据我国中药产业市场份额大小的差异和区位商的高低将我国中药产业布局划分为四类区域。王星丽[83]认为可以综合考虑我国中药资源分布集中的东北、内蒙古、西北、华北、华东、华南、西南、青藏以及海洋这九个区来建设相应的中药产业集群。

（4）支撑条件

对于中药产业支撑条件,已有研究主要体现在两个方面,即人力资源和科技。李梦琪[84]梳理出传统炮制与现代炮制在承载文化、理论与认识方式以及传统与新型饮片3个方面的矛盾。肖永庆[85]从中药饮片的定义以及其传承、创新的内容、方式方面探讨了炮制学科和饮片产业。贤明华[86]论述了中药产业相关团体标准发展现状和存在问题。肖永庆[87]从必要性、紧迫性以及内容、保障措施等方面对制定中药饮片行业标准提出了相关建议。万幼清[88]论述了实现我国中药产业国际化的技术创新、知识产权保护和人力资源支持。

（5）发展方向

方向研究为中药产业发展提供了具体的对策,也预示了未来的发展趋势和走向。但此方面的研究也多局限于某个点上,如现代化、国际化、集群发展、创新发展等,尚未形成体系化的发展路径和模式,各点之间也未能建立起有机的关联。更多的产业发展方向或对策基本都散见在对中药产业现状和问题研究的文献之中。

其一,中药现代化研究。甘师俊[89]很早就指出,中药现代化是利用现代科技方法和手段,在继承中医药传统优势和特色的基础上,研究开发出能够进入国际医药消费市场的中药产品;颜学伟[90]、罗李娜[91]从技术层面将中药现代化概括为中药材种植和中药饮片炮制的规范化、生产工艺的现代化及质量控制;李光耀[92]、姜程曦[93]将中药现代化视为中药经营管理的现代化和中药研发生产技术的现代化两个方面,并提出中药现代化的四大目标,分别是建立中药现代化研发体系、研发出符合市场需要的新中药、建立科技先导型中药产业和推进中药进入国际市场;马爱霞[94]通过实证分析,得出我国在2005年之后中药产业现代化发展水平显著提升的结论。

其二,国际化研究。涉及国际化现状、影响因素和对策,讨论较多的是人力资源、科技创新两项对策。王广平[95]对中药产业国际化内涵做了界定,认为其是指利用全球的医药、知识和科技资源,推进中药产业的全球化、信息化和知识化,中药产品能够进入国际医药市场;景佳[96]分析了中药产业国际化的影响因素,认为中药质量的不稳定性、文化背景的差异和知识产权保护较弱是主要影响因素;对策研究方面,刘昌孝[97]、王旭东、郝刚[98]、姚新生[99]等学者都提出了包括加强中药知识产权保护、建立中药国际化标准、建立中医药文化传播全球化网络系统、建立中医药技术创新体系、专利、国际化战略等在内的诸多战略和措施;徐顽强[100]讨论了中药产业国际化人才培养、人力资源平台建设;赵宏中[101]分析了中药产业国际化的科技创新问题。

其三,集群发展研究。钟大辉[102]通过DEA方法测算全国31个省域的中药产业集群发展效率,并且结合聚类分析结果提出吉林省中药产业集群发展的对策。张翔宇[103]提出中药产业如何由资源性产业集群向创新型中药产业集群转变的问题。

其四,创新发展研究。程雪娇[104]针对中药粉末饮片的适用范围、粒径、粉碎技术及设备、质量标准等关键点,提出了调整适用范围、选择适宜粒径、规范与创新制备等发展建议。朱玉洁[105]利用文献计量学方法,分析近10年中药产业循环经济研究的进展情况。黄晖[106]从中药产业可持续发展出发,提出中药产业推行循环经济发展模式的建议。

(6) 研究方法

已有研究方法最主要的是SWOT分析,杨东梅[107]运用SWOT分析法对广东省中药产业集群发展所具备的特点进行了分析,并且提出了广东中药产业集群快速发展的战略选择。冯夏红[108]运用SWOT分析方法对辽宁省中药产业发展进行了分析,同时提出了相应的对策。

1.2.3 国内高质量发展研究

2017年9月,《中共中央 国务院关于开展质量提升行动的指导意见》正式出台,表明我国经济发展进入质量时代,经济发展已由高增长向高质量转变。自此,学者们从不同的角度论证了高质量发展的内涵、目标、内容、评价、对策等,形成高质量发展的分析体系。

1. 高质量发展的目标及内容

岳欣[109]从经济高质量发展的特征及能力的角度论述了如何实现经济高质

量发展。任保平[110]认为高质量发展是比经济增长质量要求更高、范围更宽的质量状态,其目标是提高供给的有效性,实现生态文明、公平发展和人的现代化。张军扩[111]认为高质量发展是高效率、公平和绿色可持续的发展,其以满足人民日益增长的美好生活需要为目标。史丹[112]则以五大发展理念为目标指引论述经济高质量发展的内容。也有部分学者从全社会的更为广阔的高度概括高质量发展内容,如师博[113]认为,经济高质量发展是兼具社会和生态效益,助力平衡而充分的经济发展,最终服务于现代化强国和人的全面发展。金碚从发展目标出发,认为经济发展实质上就是追求更高质量目标,在内容上表现出丰富性和多样性。魏敏[114]围绕经济增长、经济结构、资源配置、创新发展、市场机制等维度阐明经济高质量发展的目标和内容。

2. 高质量发展的评价

根据研究对象的不同,高质量发展测评体系的研究可以分为两大类:一是运用全要素生产率或绿色全要素生产率作为单一指标对高质量发展进行衡量,如李新安[115]使用全要素生产率衡量高质量发展程度,并分析区域创新能力对经济高质量发展具有显著的影响,每提高一个百分点的创新能力,带来0.70%的经济高质量发展提升;秦琳贵[116]运用绿色全要素生产率衡量海洋经济高质量发展程度;刘思明[117]以全要素生产率表示经济高质量发展程度,运用面板数据模型分析在经济高质量发展过程中,创新驱动所发挥的作用;吴传清[118]证明了科技创新在促进绿色全要素生产率提升方面的作用,进而推动经济高质量发展。二是通过运用主成分分析法和熵权法等构建多维指标体系来测度高质量发展水平,如袁艺[119]构建能力和功能两个维度的经济高质量发展指标体系,并分层次、分地区对经济高质量发展水平进行测度;史丹从创新驱动、绿色生态、协调发展、共享和谐、开放稳定五方面构建我国高质量发展评价指标体系,运用主成分分析法测度全国各省高质量发展指数;周瑾[120]从稳定性、增长效率、可持续性三个维度构建高质量发展评价指标体系,采用主成分分析方法测算了中国省际层面的经济增长质量;范金[121]从协调性、强盛性、包容性、开放性、持续性等方面构建高质量发展指标体系,运用主成分分析法测度长三角地区高质量发展指数;丁焕峰[122]基于城市经济增长质量的创新性、生态性、持续性和共生性四大基本特征构建高质量评价指标体系,运用主成分分析法对全国289个地级城市的高质量发展程度进行评价;朱卫东[123]基于创新、质量、效率、结构、协调、开放、可持续等10个维度构建指标体系,运用熵权法实证测算2003—2017年经济运行数据;岳敏[124]采用熵权TOPSIS法对河北省和中部六省的经济高质量发展水平进行测度和比较;魏敏[125]从资源配置高效、经济结构优化、产品服务优质、生态文明建设、经济增长稳定和经济成果惠民等方面构建高质量发展指标体系,采用熵权法对我国30个省份经济高质量发展水平进行了测度;宋耀辉[126]运用熵权法从经济增长的有效性、福利性、稳定性、持续性四个维度对2005—2015年陕西省经济高质量发展进行评价。而李金昌[127]则从"人民美好生活需要"和"不平衡不充分发展"两个方面着手,构建了由绿色发展、创新效率、经济活力、人民生活、社会和谐5个部分共27项的高质量发展评价指标体系。

3. 高质量发展的对策

一些学者也从不同维度上提出推进区域高质量发展的对策,韩超[128]针对"双碳"目标约束,提出优化能源结构、提升低碳技术、推动低碳转型、强化金融和财政支持的高质量发展对策。郭朝先[129]针对我国人工智能发展中存在的问题,从理论研究和技术开发、相关法律法规和制度建设、高素质人才培养等方面提出对策。金凤君[130]针对黄河流域保护和高质量发展,从长效机制和体系构建、加强重点生态功能区保护、强化基础设施体系建设、推动产业优化升级等方面提出对策。罗来军[131]从长效机制建设、发展方向、管理体制机制、经济模式、生态建设等方面对长江经济带高质量发展提出对策建议。李国平[132]从创新发展、承接非首都功能疏解、智慧宜居、打造枢纽城市等方面提出雄安新区高质量发展的对策建议。

4. 产业高质量发展研究

从产业的维度进行切入,我们可以将产业高质量发展研究划分为整体和具体两个层面。

(1) 针对产业整体层面高质量发展的研究

吴雪娟[133]论述了数字经济对流通产业高质量发展的影响,并提出相应对策建议;傅为忠[134]利用长三角区域面板数据,分析产业数字化与制造业高质量发展的耦合水平及影响因子;余婕[135]基于部分年限的省级面板数据,探讨了引入风险投资推动产业高质量发展的问题;祝合良[136]从规模经济、效率提升、成本节约、精准配置和创新赋能五个效应方面剖析数字经济引领产业高质量发展的内在机理。

(2) 针对产业具体层面高质量发展的研究

产业具体层面高质量发展的研究集中于体育、粮食、文化产业,这些产业也与中医药健康服务业息息相关。

体育产业方面。柴王军[137]采用文献资料、专家访谈等方法阐释数字技术赋能体育产业高质量发展的作用机制和应用维度,针对困境提出纾解路径;沈克印[138]阐释"双循环"新发展格局下体育产业高质量发展的对策建议,包括建立内需体系、参与国际体育治理、提升产业发展质量与效率等;任波[139]分析数字经济从宏观、中观、微观3个层面驱动体育产业高质量发展的作用、意义及实施路径;叶海波[140]论述了数字经济驱动体育产业高质量发展的机理为优化资源配置效率、提高资源使用效率、促进创新赋能、提升资源价值、促进产业的数字化转型,动力机制为优化机制、升级机制、融合机制、治理机制和支撑机制,实现路径为加强顶层设计、加强基础设施建设、夯实产业基础能力、打造产业生态等;何强[141]采用文献资料法,从城市效益视角剖析体育竞赛表演产业高质量发展的内涵;戴红磊[142]分析了我国体育产业高质量发展的问题,提出依法治体、落实产业政策、优化产业结构等建议。

粮食产业方面。祁迪[143]从结构效益、绿色生态、科技创新、安全保障、包容共享五个维度构建我国粮食产业高质量发展指标体系并进行测评,据此分析了近五年间我国粮食产业高质量发展水平的影响因素;高维龙[144]从优化配置结构、提升要素质量、强化科技创新、完善政策设计等方面激活粮食产业高质量发展的创新动力;梁伟森[145]从绿色发展、粮食安全、生产效率农业科技4个维度评价广东省20个地市粮食产业高质量发展水平,提出相应对策;王济学[146]在概述我国大豆产业发展问题的基础上,从国际价格风险管控、加工能力等方面提出促进大豆加工产业高质量发展水平提升的对策建议;王瑞峰[147]利用基于成分数据的SEM模型评价我国粮食产业高质量发展状况,并提出粮食产业高质量发展的实现路径。

文化产业方面。魏和清[148]利用投影寻踪模型和障碍度模型对我国文化产业高质量发展状况进行测度和制约因素分析;荆立群[149]建议从调整结构、创新、供需匹配、优化生态环境等供给侧结构性改革方面,促进文化产业高质量发展;范建华[150]提出以内容为王、以技术为翼、以创新为核、统筹市场的文化产业高质量发展路径;程相宾[151]从加强政府引导、创新文化产品和服务、重视人才培养等方面,论述了促进民族地区文化产业高质量发展的对策建议;宗祖盼[152]从经济、政治、文化、社会、生态文明"五位一体"总体布局出发,分析文化产业高质量发展的内涵和要解决的问题;魏鹏举[153]基于《中国文化产业高质量发展指数报告(2019)》等统计数据,指出我国文化产业高质量发展存在的结构性问题,并提出中国文化产业高质量发展应遵循建立以高质量发展为导向的文化经济政策体系、改善投入绩效、以创新驱动文化及相关产业融合发展等策略。

其他产业方面。韦艳[154]梳理了智慧健康养老产业发展现状,探讨了产业高质量发展的困境与对策;张志强[155]通过测算全要素生产率,分析了我国31个省份高技术产业高质量发展效率及区域差异;刘丽[156]利用产业链的创新链、供应链、空间链和价值链的四个组成维度构建测度体系,对我国26个省份的高技术高质量发展水平进行测度;张琦[157]基于系统动力学理论,从内核外部系统及其耦合角度,设计了林业产业高质量发展路径;刘飞[158]分析了人工智能促进养老产业高质量发展的动力机制,从加强基础设施建设、加强科技支撑引领、加强协同和长效保障机制建设等方面提出方式策略。

1.2.4 研究评述及总结

国外研究现状表明,中医药学在预防、治疗、康复和保健等方面具有独特的优势和发展潜力,相关研究成果也逐年呈现增加趋势。一方面,从具体研究内容上看,国外研究注重技术领域,大多集中在中药及其成分、疗效等科学性和有效性的测定及评价上;关注的是植物药或中药的药理作用、质量标准、化学成分、有效成分的含量测定等方面;运用的多是现代医药的自然科学研究方法。而国内的研究内容则更为全面,以自然科学和人文社会科学的视角对中药进行研究均有较为丰富的研究成果。另一方面,国外文献的研究力量仍以国内作者为主,英文期刊也多为中文期刊的海外英文版,表明中医药在国外的关注度仍然十分有限,迫切需要提升中医药的国际学术影响力;在研究内容上,与国外重视技术性研究不同,国内学者较多地关注药品注册壁垒、中医药的海外准入、中医药文化交流和"一带一路"传播等政策性研究。

国内有关中药产业发展、高质量发展、产业高质量发展的研究已经积累了丰富的理论和方法。其中,中药产业研究涉及面相对较广,与产业相关的竞争力、企业、产品、国际化等均有研究成果。高质量发展方面,针对的主要是高质量发展的理论及实践研究,并且深入经济、社会、环境、人类的细分层面,探讨高质量发展在经济结构调整、资源配置优化、社会发展、环境改善、人类进步中的作用,分析对象上多数属于基本原理和实践应用的一般研究范畴;分析视角大部分是围绕经济、社会、环境、人类的全面发展需求以及当前面临的突出问题作为高质量发展分析的起点;同时,基于我国经济由高增长向高质量发展阶段转变、"创新、协调、绿色、开放、共享"五大发展理念、宏观和微观经济、"双碳"目标约束等为切入视角进行高质量发展的论述,体现了高质量发展的战略性、全局性指导意义;分析维度是基于"创新、协调、绿色、开放、共享"五大发展理念或宏观、微观经济的分析视角论述高质量发展的内涵、目标、理论价值、实践意义、问题、行动路径与策略,内涵分析深化了对高质量发展的认知和理解,目标分析明确了各领域的高质量发展方向,价值及意义分析为高质量发展的必要性提供了思路,问题分析确立了高质量发展的评价指标来源及测度方法,行动路径与策略分析则为高质量发展提供了具体的实施方案及举措;分析方法上采用最多的是逻辑演绎的质性分析方法,而在评价和测度方面,也大量使用了综合评价、回归模型等量化分析方法。

产业高质量发展方面,分析对象主要涉及新兴技术、数字经济、风险投资等相关领域对产业高质量发展的影响以及体育、粮食、文化、高新技术、冰雪、林业等具体产业的高质量发展;"双循环"新发展格局、供给侧和需求侧改革、区域一体化等当前经济发展领域的宏观背景成为分析产业高质量发展的主要起点;分析维度主要是基于"双循环"新发展格局、供给侧和需求侧改革、区域一体化视角下具体产业高质量发展的逻辑、机理、机制、动力、路径、对策,以及产业高质量发展水平的测量和评价;分析方法较为多样化,覆盖了经济管理领域常用的方法,反映出对产业高质量发展研究的深入性。

然而,受中药产业发展水平的影响,相关研究的不足也甚为明显,具体表现在以下几个方面:

第一,缺乏理论建构。已有研究缺乏理论或模型建构基础上的深入性分析,无论是对产业经济学理论的借鉴还是构建本领域理论,都存在着较大的空白点。由于缺乏理论建构,从而使得研究结果难以真正揭示中药产业所存在的问题,最终,在一定程度上影响了研究质量。

第二,研究内容未能展现较为完整的体系。从高频关键词所显示的结果可以看出,当前中药产业研究的主要关注点是中药产业现代化、中药产业发展、国际化、产业链、竞争力、科技创新等,对中药企业、产品、地区、人才、政策等方面的关注度不足;并且研究所涉及的着眼点繁多复杂,在纵向和横向上均未形成有机的联系,纵向上缺少围绕某个研究点开展持续追踪研究,横向上各研究点的共现频次低,彼此之间也难以产生关联网络,使得研究结果也难以形成扩散效应,例如,针对某个研究事物或对象,所涉及的研究内容通常都包括存在的问题、原因和应对策略,即涵盖"是什么""为什么""怎样做"的提出问题、分析问题和解决问题的逻辑思路,但中药产业发展的研究中,涉及中药产业的现状及问题、对策等,在原因分析上存在较大的不足,明显缺失对"为什么"的研究,对影响中药产业发展的多种因素关注不足;另一方面,产业链研究内容上多是对中药产业链的内涵界定、问题分析、构建与优化以及产业集群分析当中,在体系上忽略了中药健康服务业在其中的地位和影响,未将中药健康服务这一重要的延伸环节纳入全产业链,缺乏以产业链为目标的中药产业培育和建设,从而使得现有的研究往往局限于中药的医用属性。

第三,研究视角及方法相对单一。研究视角多数着眼于集群等经济学视角或产业链的某个环节,核心期刊中的文献未涉及全产业链高质量发展研究,非核心期刊中已有的产业高质量发展研究集中于高质量发展的内涵,研究未涉及中药领域的探讨;在产业具体高质量发展研究方面,受2019年国务院办公厅出台《关于促进全民健身和体育消费推动体育产业高质量发展的意见》以及2020年文化和旅游部出台《关于推动数字文化产业高质量发展的意见》的影响,学者们对体育和文化产业的高质量发展进行了较为深入的研究,但是已有的研究方法多局限于对中药产业发展的定性描述和 SWOT 的分析运用上,未能从多种因素影响下来考虑中药产业发展的情况,缺少定量研究以及定性和定量相结合的混合研究方法,进而以此进行更深层次的系统性研究不足。

第四,产业发展路径缺乏。路径研究作为产业发展的核心内容,为中药产业高质量发展指明方向和具体的实施举措,其为产业未来走向起着引领和规范的作用,直接指导实践中的中药产业发展;可是,已有的中药产业研究还尚未关注路径,大多以规模化发展和数量的扩展作为目标,缺乏整合性研究,仅仅是探讨和提出了诸如建设产业基地、提升创新水平、加大资金投入力度等单一的对策,缺乏产业走向成熟所依赖的路径,缺少对区域中药产业发展状况的实证研究,提出的对策也因此难以得到真正实现,必然在一定程度上,制约了研究成果的实践指导意义和应用价值的推广。

总体来看,一方面,相关成果为本书研究视角及目标的确立提供了探讨的空间,高质量发展、产业高质量发展的研究为本书提供了理论依据。另一方面,我国虽在高质量发展方面拥有较为丰硕的成果,但是在产业高质量发展方面的研究尚处于探索阶段,这也因此凸显了本书研究的价值所在,而就分析对象评价指标体系的建立、测度以及对策研究,则为本书评析中药产业高质量发展现有路径存在的问题及优化选择,提供了方法论支持和学术参考。

1.3 研究设计

依据对科学问题的回答,设计相应的研究内容,明晰具体的研究方法,厘清研究的技术路线,形成本书研究设计。

1.3.1 研究内容

为推进健康中国建设,满足人民群众日益增长的中医药健康服务需求,中药产业已被列入国家重点发展的战略性新兴产业之一,遗憾的是通过系统分析和相关文献调查发现,我国中药产业还处于成长的初期阶段,学术界的研究成果也还存在着较多的空白点。本书结合我国中药产业发展现状以及现有研究的不足,提出了中药产业高质量发展的核心问题,并且按照以下五个方面的内容展开研究,具体包括:中药产业高质量发展理论基础及分析逻辑、中药产业发展现有路径分类及评析、中药产业高质量发展驱动因素及作用机理、基于多重驱动因素的中药产业高质量发展优化路径选择及实施、中药产业高质量发展优化路径的保障措施。

(1) 中药产业高质量发展理论基础及分析逻辑

本书阐述了中药产业高质量发展的内涵,分析了经济高质量发展与中药产业高质量发展的关系,经济高质量发展是中药产业高质量发展的必然要求,同时,中药产业高质量发展所带来的价值效应也是经济高质量发展的必要条件;二者之间互为影响、互为促进。另外,基于高质量发展、产业高质量发展,形成中药产业高质量发展优化路径的研究思路。

(2) 中药产业发展现有路径分类及评析

确立中药产业高质量发展路径研究的产业链分析视角,依据产业链分析视角,归纳出中药产业发展路径现状,对应于中药农业的资源型路径、中药工业的加工型路径、中药商业的专业市场型路径、中医药健康服务业的融合型路径以及整体的全产业链型路径。根据各路径的高质量发展目标,形成资源保护与开发利用效率、创新水平、品牌影响力、融合水平以及覆盖中药产业链长度、丰度、宽度和关联度的多维度评析点,运用数据包络法、专利分析、品牌层次分析及灰色关联度分析等方法,探究了中药产业发展路径中的具体问题,为本书的系统性研究确立了问题导向。

(3) 中药产业高质量发展驱动因素及作用机理

根据现有路径分析结果,基于"钻石模型",从生产要素、需求条件、相关产业支撑、中药企业战略和结构以及竞争对手的表现、政府政策、机会等方面,阐述了我国中药产业高质量发展的必要性和可行性,进一步凸显本书的研究价值所在,并且为后续研究提供前提。继而利用问题评析所得出的结论,制作访谈提纲和调查问卷,采用扎根理论方法,对中药产业高质量发展的驱动因素进行识别和总体分析,明确了中药产业高质量发展驱动因素,包括绿色化、科技化、品牌化、融合化和专业化5个方面。另外,开展实证研究,进一步验证了中药产业高质量发展的驱动因素。在此基础上,阐述了各驱动因素对中药产业发展的作用机理,包括其对中药产业链各环节的促进以及各驱动因素之间的关联性分析,明晰了各驱动因素对中药产业高质量发展的影响过程。

(4) 基于多重驱动因素的中药产业高质量发展优化路径选择及实施

识别驱动因素之后,根据驱动因素,设计中药产业高质量发展的优化路径,明晰中药产业高质量发展的方向、目标和模式。基于前述分析,显然,中药产业高质量发展受上述多个驱动因素的综合影响,各驱动因素相互依赖、相互作用,形成复杂的关联性关系,为此延伸形成多种发展路径。另外,我国各区域间异质性明显,各省市地区在中药产业发展中所拥有的资源、环境、政策支持等方面存在着巨大的差异,必然需要探寻适合本地区的中药产业高质量发展路径。据此,本书从组态视角出发,采用定性比较分析方法(Qualitative Comparative Analysis,QCA)对中药产业高质量发展的驱动因素进行综合分析,厘清各驱动因素在产业发展中的作用和角色,揭示其中复杂的因果联系,进而挖掘中药产业高质量发展的优化路径,针对优化路径的实施提出政策建议,辅以案例说明,提供中药产业高质量发展的成熟范式。

(5) 中药产业高质量发展优化路径的保障措施

中药产业高质量发展离不开相关措施的引导、支持和保障,本书针对中药产业高质量发展优化路径实施中的保障需求、出现的问题,从保障性措施完善方面阐述了中药产业高质量发展优化路径的具体对策。重点涉及扩充资金来源、强化土地保障、优化人才队伍建设和健全政策运行机制四个方面,为中药产业高质量发展优化路径的实施提供了重要的配套服务和强劲动力,从而保障中药产业高质量发展优化路径的高效推行。

1.3.2 研究方法

本书针对所研究的具体内容,采用相应的研究方法,总体上做到规范研究与实证研究相结合、宏观分析和微观分析相结合、定性分析与定量分析相结合,确保研究方法选择的合理性和科学性。本书主要采用以下四种研究方法:

(1) 文献调查方法

运用词频分析法确立文献调查的方向,准确地把握中药产业研究的前沿领域,厘清中药产业存在的问题,从而为本书的选题提供了科学性支持。

(2) 定量研究方法

运用模糊综合评价、数据包络分析法、专利分析法、层次分析法、灰色关联度分析法对中药产业存在的问题进行评析。通过定量研究方法,提出拟解决的关键问题,挖掘较深层次的学术价值,体现出中药产业高质量发展优化路径研究课题的社会价值。

(3) 混合研究法

运用产业链、高质量发展等理论进行逻辑演绎分析,运用扎根理论等定性方法论证影响中药产业高质量发展的因素,另外,运用定性和定量研究相结合的 QCA 组态分析方法,以此探寻中药产业高质量发展的优化路径。

(4) 案例研究法

结合 QCA 组态分析方法的运用,选取实施案例作为研究的数据来源,挖掘实践中的北京市、四川省、云南省、甘肃省和安徽省中药产业高质量发展路径案例,印证中药产业高质量发展优化路径在区域层面、企业层面的应用实践和现实意义。

1.3.3 技术路线

本书从核心概念和理论基础出发,在高质量发展、产业高质量发展的分析基础上,构建中药产业高质量发展优化路径研究的结构体系,基于中药产业链的理论视角,据此归纳出中药产业发展现有路径分类,围绕各路径高质量发展目标,确立相应的评析点,选择与之匹配的评析方法,梳理凝练中药产业发展路径中存在的具体问题。首先,立足于现状问题,借助钻石模型,剖析中药产业高质量发展的必要性和可行性;运用扎根理论、问卷调查方法对中药产业高质量发展的驱动因素进行剖析和验证,建构出理论模型;其次,依托理论模型,运用csQCA定性比较分析方法,探究中药产业高质量发展的优化路径,基于不同的优化路径,明确实施策略;再次,选取相应的案例阐释和印证不同优化路径选择的合理性,进而阐明中药产业高质量发展优化路径的保障措施;最后,形成中药产业高质量发展的优化路径、区域及企业应用实践范式及政策体系在内的系统性研究成果。具体研究步骤及相应研究方法的运用如图1.1所示。

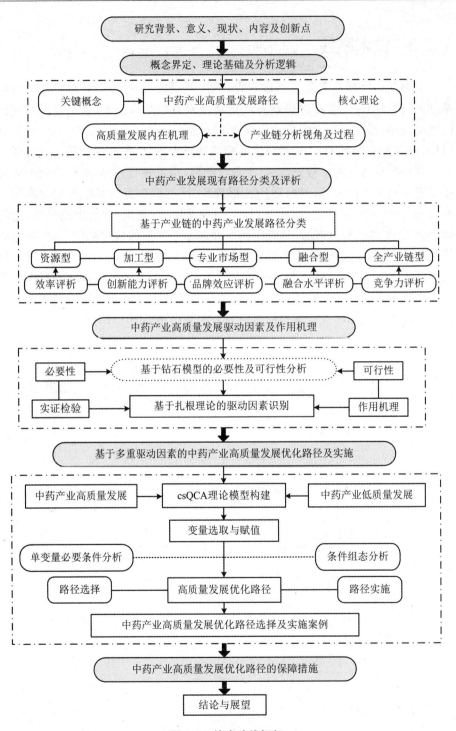

图 1.1 技术路线框架

第 2 章　概念界定、理论基础及分析逻辑

本章对中药、中药产业、产业链、高质量发展等基本概念做出阐释,明晰具体研究对象和范围,确立中药产业发展所涉及的高质量发展、产业链、产业结构和可持续发展等核心理论及其应用。在此基础上,本章对全书的理论逻辑构架进行搭建和说明,为后续研究提供逻辑主线和理论依据。

2.1　概　念　界　定

中药及中药产业、高质量发展、中药产业高质量发展是本书研究所涉及的基本概念,界定和明晰其内涵及外延是做好进一步研究的前提。

2.1.1　中药及中药产业

(1) 中药的内涵

《中国大百科全书(中国传统医学)》给出的解释是,中药为中医传统上用作预防和治疗疾病的药类物质,主要来源于包括植物药、动物药、矿物药等天然药及其加工制成品。《现代中药学大辞典》将中药定义为来源于植物、动物、矿物及其制成品的中国传统药物,其在中医药基础理论指导下使用[159]。《中国大百科全书(化工)》将中药定义为因源于中国而得名的根据中医理论制造和使用的药物。《中国文化辞典》则解释为中药典籍上有记载并为医家经常使用的药物及其加工品。《中华人民共和国药品管理法》(2015 年修订版)在附则中对药品的含义进行了解释,指出药品是有目的地调节人的生理机能,用于预防、诊断、治疗人的疾病,规定有功能主治、用法和用量或者适应证的物质,包括中药材、中药饮片、中成药、生化药品、抗生素、化学原料药及其制剂、放射性药品、疫苗、血清、血液制品和诊断药品等。从这个药品含义中可知,中药是包括中药材、中药饮片、中成药等用于预防、治疗、诊断人的疾病的物质。在 2019 年修订版中,

仍然将中药定义为用于预防、治疗、诊断人的疾病的物质。

（2）中药产业的内涵

从组织结构维度上来看，中药产业是指国民经济中由中药农业、中药工业、中药商业组成的从事中药相关经济活动的个人、企事业单位和机关团体的总和。从组织活动维度上来看，中药产业是指国民经济中以中医药理论为指导的医药及保健产品的生产、制造、经营、研发及其相关经济活动的集合[160]。

随着科学技术的进步和社会需求的变化，中药产业已经成长为一个拥有复杂体系的综合性产业，涉及农户、企业、市场、政府、行业组织等多个主体，覆盖资源、技术、人才、信息、政策、机制等多个要素，具有较强成长性、关联性和带动性作用，是我国拥有自主知识产权、具有极大自主创新潜力的战略性新兴产业。

同时，中药产业也是我国独具特色优势的重要民族产业之一，更是医药产业的重要组成部分，成为乡村振兴战略的重要抓手，在我国经济社会发展中具有全局性的重要意义。

2.1.2 高质量发展

"高质量发展"首次在2017年中国共产党第十九次全国代表大会上提出，并于《2018年政府工作报告》中正式提出按照"高质量发展"的要求，推进经济发展的各项工作。2018年9月20日，中央全面深化改革委员会第四次会议《关于推动高质量发展的意见》指出，推动高质量发展是制定国家经济政策、确定经济社会发展思路的根本要求，要进一步加快制度环境的创建和完善，协调建立相应的政策、标准、指标和统计体系以及绩效评价和政绩考核办法。

关于"高质量发展"的内涵，不同学者和机构基于不同视角提出了各自的观点。国外学者多从经济增长质量方面进行阐述，如对经济增长质量研究具有里程碑意义的Thomas[161]认为，经济增长质量是包括国民经济改善、经济成果的公平分配、社会治理结构、环境文明建设和全球金融风险在内的多方面内涵。世界银行在《2000年发展报告》中将区域经济发展质量总括为居民收入增长、人类发展、环境可持续三个维度。[162] Robert[163]也把经济发展质量概括为经济增长良好以及社会政治制度、健康状况和生活环境在内的多项内容。

经济增长质量虽然比较接近高质量发展，但是二者之间仍然存在较大区别，经济增长质量属于宏观经济范畴，更偏重于经济维度；而高质量发展则涉及政治、经济、文化、环境等各个方面，其维度更为宽广。

国内学者也从多个领域理解高质量发展，主要的角度包括：一是从"创新、协调、绿色、开放、共享五大发展理念"的角度进行定义，如任保平[164]、何立峰[165]、杨伟民[166]等学者均认为高质量发展是以"五大发展理念"为依据的综合性全面发展,以不断满足人们对美好生活的向往和追求;陈再齐[167]认为高质量发展是以人民为中心、创新驱动、生态文明绿色健康、经济保持中高速增长的发展;张军扩认为高质量发展表现为资源配置效率高、产品和服务质量及技术水平高、城乡发展协调、公共服务均衡、经济成果惠民。二是从经济社会发展的角度进行定义,如金碚[168]从经济高质量发展的角度,认为高质量发展是实现人民对美好生活的期盼,更好地满足人民日益增长的美好生活需要的经济发展方式;王彩霞[169]认为,高质量发展是能够满足人民日益增长的美好生活需要,是强调质量、效率、公平、可持续的发展;李金昌等[170]认为高质量发展既是国民经济充满活力的持续发展,又是以创新为基础的绿色发展、高效率发展、不断提高人民生活质量和综合素养的发展;王雪峰[171]认为,高质量发展是经济结构协调、动力转换、效益提升、体系完善、社会福利改善和居民生活质量提升的发展。三是从宏观、微观的视角进行定义,如郭春丽[172]从宏微观效率出发,宏观效率体现为全社会劳动生产率、全要素生产率和资本产出率,微观效率体现为企业的利润率和资产收益率;钞小静[173]认为高质量发展是宏观层面全要素生产率提升、中观层面产业结构的不断优化和微观层面企业生产效率的提高等。四是从产业的角度进行解释,如赵剑波等[174]认为,高质量发展是产业结构更加科学合理、产业服务供给质量更高的新的发展。五是从企业和消费者的角度进行解释,如黄速建[175]认为企业高质量发展就是企业追求高层次、高水平、卓越的经济和社会价值,以及企业持续成长和价值创造能力的发展范式或状态;陈川[176]指出,高质量发展是通过质量、效率、动力的变革来促进人的全面发展的过程。张治河[177]认为可从生产者和消费者两个维度即微观层面来理解高质量发展,对生产者来说,高质量就是要提高生产效率,对消费者来说就是要不断地满足对产品质量的需求。

结合已有对高质量发展的认识和理解,本书认为高质量发展是通过质量、效率、动力变革,实现经济发展方式更加合理、经济结构持续优化、经济效益不断提升、满足人民日益增长的美好生活需要的新的发展战略、理念和过程,其为覆盖经济、生态和社会效益的全方位、全领域、全过程的综合性系统,不仅表现在经济的增长方面,而且体现在生态环境的改善、民众幸福感不断提升的社会发展方面,是经济发展与资源环境、人的全面协调一致的发展,是低碳经济型、结构均衡型、可持续型的发展,有着更广泛、更深刻、更系统的内涵。

2.1.3 中药产业高质量发展

中药产业高质量发展是以高质量发展理念为指引,转变中药产业发展路径,提高中药产业发展质量,促进中药产业结构优化,实现中药全产业链的质量效益提升的状态过程和结果。

高质量发展理论运用在中药产业发展领域,体现为中药产业"高效化"的生产效率、"高质化"的供给体系和"稳健化"的发展态势,努力实现中药产业协调、高效、持续、稳定、创新的高质量发展目标,如图2.1所示。

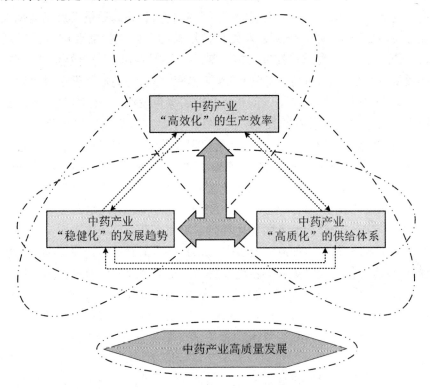

图 2.1　中药产业高质量发展的内涵

(1)"高效化"的生产效率

中药产业对资源的依赖性大,在资源既定的情况下,中药产业高质量发展,意味着不断提升中药资源的利用效率,实现最优的中药资源配置组合和生产要素投入产出效率的最大化。

(2)"高质化"的供给体系

在供给层面,中药产业高质量发展,意味着产业要素投入质量高,劳动力和技术资本水平以及生产资料的自动化程度得到全面提升,摆脱劳动密集型产业束缚,转向技术资本创新,实现要素投入的高水平和高价值。一方面,意味着产业中间品投入质量高,拥有更加精细的专业化分工、完善的生产过程质量管理、优化的产业结构和产品结构,形成高度协同、彼此支撑的产业供应链体系;另一方面,意味着产业最终产出质量高,拥有市场、社会认可度高的优质产品和服务,具有较强的市场影响力,形成高级化的产业供给配置体系。

(3)"稳健化"的发展态势

发展态势上,中药产业高质量发展,意味着产业持续平稳发展,处于与生态环境保持协调、与经济社会发展保持适应,资源环境可承载、风险可控的健康状态,能够满足人民日益增长的健康服务需求。

如从产业链的角度来看待,将中药产业链视为由中药材种植养殖形成的中药农业、中药材加工及产品制造形成的中药工业、中药产品流通形成的中药商业和中药与健康及旅游等其他产业一体化发展形成的中药健康服务业所构成,中药产业高质量发展就是中药农业的高品质发展,即能够生产出优质的中药材,为中药饮片、中药提取物、中成药的生产制造提供优质的中药材原料,确保中药产品的临床及健康功效;中药工业的高水平发展,即科技创新能力突出,拥有现代化、智能化的生产条件,能够研发、生产制造有效应对重大疾病和应急所需的现代中药新药,能够提供高层次的中药产品;中药商业的高效益发展,即创建和培育优秀的品牌,扩大中医药提供和使用的空间及用户群体,创造更多的商业价值;中医药健康服务业的高效率发展,即在创造多样化、高品位的中医药健康产品和服务的同时,保证中医药健康服务的可及性、可靠性和用户的可获得感、满意感。

2.2 理论基础

本书研究聚焦中药产业高质量发展路径,因而高质量发展理论以及产业经济学中的产业链、产业结构、可持续发展等核心理论构成本书研究的理论基础。

2.2.1 高质量发展理论

随着"一带一路"倡议、"中国制造2025"、"互联网+"计划、健康中国建设等国家发展战略的推进,新的发展理念不断提出,经济结构调整和产业升级的步伐进一步加快,经济发展由高增长向高质量转变。高质量发展旨在从主要依靠增加物质资源消耗实现的粗放型高速增长,向依靠技术进步、管理水平和劳动者素质提升上转变。高质量发展理论体现在经济的增长质量以及经济社会等多领域共同成长和发展的状态,包括实现发展方式、产业结构、产品结构的升级,实体经济得以做大做强做优,新的发展动能得到培育,社会福祉得到增进。与此同时,信息化、大数据和人工智能技术飞速发展,成为驱动经济高质量发展的核心力量,科技赋能经济发展已成为显著的特征,并由此形成数字经济新形态。

伴随经济增长方式的转变、产业结构的升级和社会民众对中医药健康服务需求的持续扩大,中药产业资源无节制开发利用、不重视技术创新投入、品牌的单一化、产业的相对自我封闭等传统发展理念和生产方式及实践也因此难以为继。而节约资源、保护环境、科学监管等新时代的行业发展要求已成为共识,反映在中药产业发展上,注重中药资源及生态环境保护、注重中药产品及服务的质量以及为此所持续增加的科技投入、市场拓展等,其体现的是中药行业发展水平,关乎的是市场秩序和社会公众健康权益的保护,日益受到政府、行业协会和社会的高度关注。中药产业也正处在优化产业结构、转变发展方式、转换增长动力的攻关期,推进中药产业高质量发展,成为时代的必然要求。

中药产业作为我国的战略新兴产业,也是推动经济高质量发展的重要力量,具有巨大的价值效应。依据经济学研究层次,我们可以从宏观、中观、微观3个层面,阐明中药产业高质量发展的价值效应。

宏观层面上促进经济社会高质量发展。中药产业是产业链长、辐射和带动能力强的新兴产业,中药产业高质量发展可以改善要素配置效率,增加要素投入,并通过技术创新和溢出效应提升全要素生产率,以及促进新兴基础设施的完善,带来就业率的增长和工资收入的增加,进而影响国民经济的产业结构和投资方向,以及推动经济社会高质量发展。

中观层面上促进中药行业高质量发展。中药产业覆盖中药材种植、中药饮片加工和中成药制造以及中药健康服务等众多的环节和行业,彼此之间拥有极强的产业关联效应,围绕中药产业必然诞生诸如药妆、药膳等新业态、新模式,从而延伸和扩大中药行业的规模效应,深化资本对整个行业的投入,以及在这一过程中,与其他相关产业交叉融合形成的高协同性、高关联性而催生出具有强交互作用的中药产业集群,带来产业结构调整、创新效应,促使中药行业走向合理化、高级化,实现中药行业的高质量发展。

微观层面上促进中药企业高质量发展。中药产业高质量发展有助于中药企业生产出高质量的产品和提供更为优质的服务,从而满足消费者的动态、多元、复杂的中医药健康需求,扩大中药企业经营收入,进而实现规模经济和范围经济,推动中药企业高质量发展。

作为本书写作的总体指导理念和原则——高质量发展理论,既是中药产业发展目标的体现,也融入了中药产业问题评析、驱动因素分析、优化路径选择、保障措施制定的研究全过程之中。在问题评析中,高质量发展理论是重要的评价准则和衡量标准。在驱动因素分析中,高质量发展理论是中药产业发展绿色化、创新化、品牌化、融合化和专业化五个驱动因素的具体转化。在优化路径选择中,高质量发展理论又融入到了主要优化路径的应用实践之中。在保障措施的制定中,高质量发展理论则充分体现了中药产业政策的激励、引领和促进作用。

中药产业高质量发展是我国经济发展由高增长向高质量转变的必然要求,中药产业高质量发展的价值效应则提供了内在的实现依据。

2.2.2 产业链理论

产业链理论源于早期的分工思想,正是因为有了分工,企业活动就划分为采购、生产、销售等各种不同的业务组合,即产业链是制造企业从外部采购原材料,经过生产形成产品并对外销售的一种内部活动。后来,英国近代经济学家阿尔弗雷德·马歇尔将分工理论扩展到企业与企业、产业与产业之间及其相互联系时,产业链理论得以真正形成。

产业链是产业部门中的企业基于一定的技术经济关联和特定的逻辑与时空联系,为满足彼此的供应和需求关系,所构成的从原料到产品,包含价值传递和增值过程的链条式关联形态,是社会分工和生产力进一步发展的产物,其本质是展现相关产业内在的联系及其功能[178]。

作为本书的核心视角和指导思想之一,产业链理论贯穿于全书写作之中,形成全书的理论分析视角和分析维度。从产业链的视角来审视中药产业发展中的整体问题,从产业链长度、丰度、宽度、关联度中分析中药产业发展中的深层次问题。在驱动因素研究中,针对中药产业链的问题制定调查问卷,确立涵盖中药农业、中药工业、中药商业和中药健康服务业的五种主要驱动因素。在中药产业发展的优化路径中,基于驱动因素模型,得出覆盖中药产业链的三种主要优化路径,并列举具体的实施案例。在保障措施方面,将散见于不同部门的政策进行整合,从健全完善产业链、拓展和延伸产业链的角度构筑配套的政策支持体系。

2.2.3 产业结构理论

自从经济学家库兹涅茨与罗斯托就现代经济增长的本质展开争论以来[179],经济学家们从中逐渐认识到,结构主导型增长正是现代经济增长的本质所在,在这种增长模式中,产业结构决定了稀缺资源的配置效果,在经济持续快速增长中发挥着关键作用。产业结构及其状况,决定了经济增长的速度和质量,也决定了经济发展的整体优势[180]。

早在17世纪,威廉·配第就发现了产业结构不同是造成世界各国经济发展和国民收入水平差异的关键性原因[181],并指出工业收入比农业多,工业附加值最高。到了 20 世纪五六十年代,产业结构理论得到了较快发展。从演化的角度看,主要是内生推进和外生拉动两种类型的基本模式。内生推进型模式主要分析包括一国或地区技术进步、国民收入变动及需求结构转换等内在因素导致产业结构演化的内在动力机制,经典理论主要涉及揭示工业化过程中劳动力转移规律的配第-克拉克定理、揭示产业关联效应的标准产业结构理论、人均收入影响论、主导产业扩散效应理论、技术进步与创新使产业内部生产要素构成不断高级化的"创新理论"等。而外生拉动型模式则主要分析产业结构外向拉动的升级变迁机理,包括雁阵结构理论、产业生命周期理论、国家竞争优势理论[182]。

经济发展的过程在一定程度上可以看作产业结构合理化和高级化的过程。产业结构合理化是指拥有最优效益的产业结构,产业间的各种关系趋向协调平衡;产业结构高级化是指产业结构从较低级向较高级形式的一种转化升级过程。产业结构的合理化和高级化既是经济增长的结果,又反过来对经济的持续增长产生直接作用。

产业结构演变及优化理论,给中药产业发展提供了充分的理论依据。基于这些理论成果,可以在实践中注重利用地区的自然资源优势条件,培育和发展中药产业;鉴于中药产业的关联性、带动性强,具有显著的扩散效应,实践中应将其积极培育成主导产业,带动和促进其他产业的发展;不同地区可利用比较优势,制定相应规划,完善发展环境、推进体制机制创新,逐步抢占中药产业发展的制高点,形成自身发展的独特性,推动比较优势向先发优势转变;针对产业结构的演变规律和创新能力不足的现状,虽然产业结构由低级向高级发展的各阶段难以逾越,但是可以通过加大技术投入力度和创新来缩短各阶段的发展过程,努力形成跨越式发展,为此可加快建立以企业为主体、产学研用密切结合的技术创新体系,把增强自主创新能力作为产业结构调整的中心,把科技创新路径作为中药产业发展的首要环节,补足产业发展的技术短板,完善创新体制机制,增强企业自主创新动力,提高关键领域的核心技术水平;以及着力通过提升劳动力素质进而提升边际劳动生产率,提高结构红利,充分发挥政策的引导作用,建立健全产品质量、标准、品牌提升的财政金融、科技人才、公共服务等政策保障体系,推动产业结构的优化升级等。

2.2.4 可持续发展理论

联合国在 1972 年 6 月的第一次人类环境会议上,发表了《联合国人类环境宣言》,指出必须防范地球上不能再生资源耗尽的危险,必须确保这一代和将来的世世代代能够分享资源带给整个人类的好处。1987 年,联合国世界环境与发展委员会在《我们共同的未来》报告中又提出"可持续发展"的概念,即满足当代人的需求,又不损害子孙后代满足其需求的发展。[183]

可持续发展强调实现经济和社会发展应在资源与环境系统的承受能力之内,从而确保发展的可持续性,当代人与代际应共同享有有限的资源,强调分配的公平性,这种持续性和公平性是全球发展的共同目标,符合全人类的共同利益和需求。

可持续发展作为一种重要的发展理念,渗透于全书各章节之中,如全产业链构建、生态发展和绿色发展原则的确立、中药循环经济体系的建立、中药科技创新支撑体系的建设等均是可持续发展理论的具体应用。其中,全产业链是产业可持续发展的基础,产业链条短、产业链不健全等是中药产业所普遍存在的问题,其极大地制约了产业的延伸与纵深发展,而全产业链的建立,强化了中药产业各环节的关联性、互补性,对抵御单一领域发展可能产生的风险极为关键。生态发展和绿色发展,是可持续发展理论对中药产业的具体化要求。中药产业的发展依赖中药材种植所提供的原材料,而中药材种植又依附生态环境,尤其是道地药材,对特定生态环境有着极为严格的要求,可是,当前部分地区一味追求短期利益,盲目使用不合标准的化肥、农药,造成土质和品种退化,产生严重的质量问题,给中药产业发展带来极大损害,由此显著表明生态发展、绿色发展是中药产业可持续发展的重要前提。同样,在中药工业领域,需要建立起与中药农业相关联的循环经济模式,如将工业药渣用作种植肥料,持续保护生态环境,突出产品绿色生产,追求产品质量,确保资源获取和利用的可持续性。此外,可持续发展理论还反映在中药产业科技创新路径上,中药农业中的种植技术、中药工业中的产品研发、中药商业模式开发、中医药健康服务业的融合等均离不开科技创新,科技创新既是中药产业可持续发展的必然要求,又是中药产业可持续发展的根本保障。

2.3 分析逻辑

在吸收已有研究成果的基础上,创新构建中药产业高质量发展优化路径的分析视角、过程,形成本书研究的逻辑演进思路。

2.3.1 中药产业链分析视角

以产业链视角融入分析全过程,获得中药产业高质量发展优化路径的基础性、全局性认知。

(1) 中药产业链分析的意义

当前产业竞争已由单个企业之间的竞争转向集团竞争、区域竞争。"打好产业基础高级化、产业链现代化的攻坚战",把产业链现代化作为推动经济和社会发展的一大攻坚战,已经成为产业理论研究的热点,且在实践层面逐步获得重视,各个地区也将其摆在更加突出的位置。

因此本书确立中药产业链的分析视角,一方面,有利于从整体上考虑中药产业高质量发展,推进中药产业各环节之间的联合与协作,带来外部经济,提高产业整体竞争力;另一方面帮助中药企业进入高端竞争轨道,获得以质量、创新和市场应变能力为基础的核心优势。

(2) 中药产业链的构成

文献调查显示,人们通常从产业链的构成上来理解中药产业链,一种是按照中药材的种植、加工和销售环节作为中药产业链的构成;另一种是按照主体环节和辅助环节的不同,对中药产业链分别进行界定。前一种构成方式属于纵向、窄短型中药产业链,仅考虑到了中药产业各环节之间的经济技术关联;后一种构成方式则属于主体、外围型的中药产业链,其将中药产业划分为内外两个环节,而忽略了环节内部的链式构成和演进。因此,两种构成方式均较为单一和片面,不利于从发展的角度来认识中药产业链。

伴随社会经济和技术的发展,各产业之间交叉、融合的程度也日渐加深,为此,需要从发展的视角来重构和理解中药产业链,不应只局限于传统的中药产业本身,应该对中药产业链进行不断的深化和延展,丰富中药产业链的内涵,形成新型网络型的中药产业链,推动中药产业做大做强做久。

综合已有的两种构成方式,并充分考虑产业之间的交叉和融合,将中药产业链的中药材种植、中药加工和中药销售即中药农业、中药工业和中药商业进行延伸,拓展到大健康领域,构成中医药健康服务业,成为中药产业链的一环,发挥中药在大健康服务中的作用,促进中药与大健康服务业的融合发展。

至此,本书将中药产业链建构为:由中药农业、中药工业、中药商业和中药健康服务业等相关产业所组成的产业体系,其在中医药理论指导下开展医疗健康产品、服务等的生产、开发和经营活动,覆盖从中药材种植到加工、中药产品制造、市场销售、科技研发等各环节的产业发展全过程,如图2.2所示。

中药产业链各构成环节的内涵如下:

① 中药农业。中药农业是指以中药资源保护、中药材采集和种植为主要内容的经济活动,其位于中药产业链的上游,是中药加工业的直接原料来源,在整个产业链当中处于基础性地位。

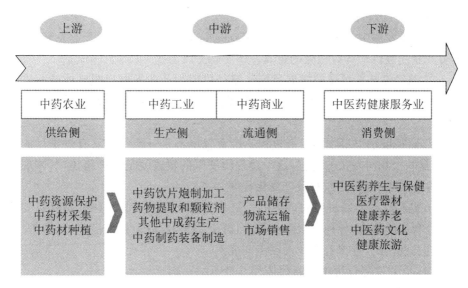

图 2.2　中药全产业链结构图

② 中药工业。中药工业是指以中药饮片炮制加工、药物提取和颗粒剂等中成药生产以及中药制药装备制造等相关产业为主要内容的中药产业部门,是中药产业化发展的主要领域和方向。中药饮片处于中药工业的核心地位,是我国中药工业的重要支柱,其既可根据中医处方入药,以其作为中医治病的基本特色和主要手段,又是中成药生产的直接原料。

③ 中药商业。中药商业是指与中药产业紧密相关的市场销售、物流运输、储存、贸易等流通业所构成的中药产业发展领域,是连接中药产品和消费者的桥梁和纽带。

④ 中医药健康服务业。2015 年 4 月 24 日,国务院办公厅印发《中医药健康服务发展规划(2015—2020 年)》(国办发〔2015〕32 号),指出中医药健康服务包括中医药医疗、康复、养生、保健服务,涉及中医药文化、健康养老、健康旅游等相关服务在内的,运用中医药理念、方法、技术维护和增进人民群众身心健康的活动[184]。

2.3.2　分析框架

路径研究是产业发展的核心主题,本书遵循提出问题、分析问题、解决问题的研究思路,经由中药产业当前路径认知及评析,到驱动因素识别,再到优化路径选择及其实施来完成,路径分析的意义、产业发展过程中的路径依赖成为中药产业高质量发展优化路径研究的主体线索和落脚点。

(1) 路径分析的意义

在产业发展中,路径研究是最为核心的主题之一,对于掌握产业发展趋势、落实产业发展行动具有积极的意义。

① 路径意味着可见的发展目标。路径可以为产业发展指明具体的前进方向,为制定产业发展规划提供可执行的思路,加速产业发展任务及项目的有效落地。

② 路径展示出事物的发展过程。产业发展不是一朝一夕就有可预见的结果,而是一个相对漫长的过程,这一过程所展露的轨迹就是一种路径,其体现了产业由小到大、由弱变强的演进变化程序。

③ 路径代表着一种相对成熟的发展模式。产业发展是人、财、物等各类资源综合利用的结果,各种要素参与其中,分工协作,形成一种可借鉴、可模仿、可复制的发展模式,意味着产业发展走向成熟。

(2) 产业发展过程中的路径依赖

路径依赖是指具有正反馈机制的经济、社会或技术系统的演进受到该系统本身历史事件正反馈机制和自我强化的影响,而难以被其他更优的系统替代。路径依赖理论最早由美国经济学家保罗·大卫于1985年提出[185],之后阿瑟将其发展为技术演进中的路径依赖问题,20世纪90年代,美国诺贝尔经济学奖得主道格拉斯·诺思又将其延伸到制度变迁分析中,形成制度变迁中的路径依赖理论[186]。

路径依赖会有好坏两种情况,好的路径可以使事物发展进入良性循环,坏的路径会导致事物发展进入恶性循环,可能会将事物"锁定"在某种无效率状态下甚至导致停滞,对事物发展起反作用。而一旦进入某一路径,不管此路径是好还是坏,就有可能对此路径产生惯性的依赖,即如诺思所说的"历史确实是起作用的,人们今天的各种决定、各种选择实际上受到历史因素的影响……人们过去做出的选择决定了他们现在及未来可能的选择"。

依据广泛运用于研究系统变迁中路径选择问题的路径依赖理论,可以发现,中药产业现有路径也在自身发展过程中逐渐地自我强化,面临着新的选择,形成了路径固化,构成中药产业发展难以转型升级及突破的症结所在,亟须继承、开发、利用现有的中药产业发展成果,在优化路径上做出新的选择,这与国家频繁提出中医药"守正创新、传承发展"的目标相一致,是推动中药产业高质量发展,实现经济持续增长必须跨越的门槛。

(3) 中药产业高质量发展优化路径研究

本书以产业发展路径为分析主线,经由中药产业当前路径认知及评析,到驱动因素识别,再到优化路径选择及其实现策略来完成,遵循提出问题、分析问题到解决问题的研究思路。

图2.3展示了本书的分析框架,其由四个部分构成,分别为基础、动力、路径和保障。中药产业链分析视角下的现有路径构成分析基础,进而研究得出中药产业高质量发展的驱动因素,依据驱动因素研究,得出中药产业高质量发展的优化路径,提出中药产业高质量发展确立主要的保障性措施。

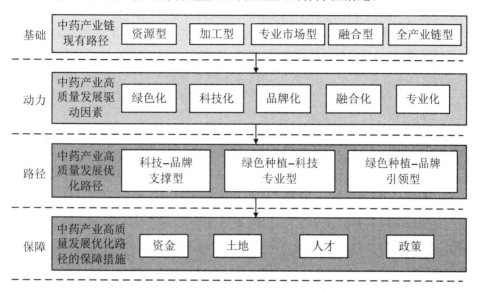

图2.3 分析框架

首先,基于产业链的现有路径分类及评析。遵循中药产业链的构成环节,结合中药产业发展状况,凝练提取中药产业发展的现有路径类型。由于中药产业尚未纳入到国家统计报告系统,相关数据缺乏,评价指标难以获得量化结果,因此,围绕高质量发展目标,运用不同的方法分别对路径现状类型进行评析,揭示出当前路径存在的问题,明晰研究的问题导向,为优化路径研究提供前提和基础。

其次,基于扎根理论的中药产业高质量发展驱动因素识别。根据现有路径分类评析得出的结论,阐明中药产业高质量发展优化路径的必要性和可行性。进而利用扎根理论方法,探寻影响中药产业高质量发展的驱动因素,挖掘影响中药产业高质量发展的深层次原因,为优化路径研究提供分析依据,并运用问卷调查法对驱动因素进行验证,深入分析了各驱动因素对中药产业高质量发展的作用机理,保证研究结论的科学性。

再次,基于驱动因素的中药产业高质量发展优化路径选择及实施。文献调查揭示,现有产业高质量发展路径研究,多从政府政策、行业、市场、技术、投资、社会、供给和需求的维度分别提出数条建议,本书基于驱动因素构建优化路径的分析模型,通过QCA方法,获得中药产业高质量发展优化路径,从而避免了单一化、表层化的弊端,更为深入、持久地建立起中药产业高质量发展的成熟路径,其与中药产业自身属性、产业发展目标及价值效应相吻合,与高质量发展内涵、特征之间具备一致性、共通性。针对优化路径,根据驱动因素得出的结论,提出具体的实施策略,并辅以 QCA 方法中所选用的典型案例进行佐证,为不同地区选择合适的中药产业高质量发展路径提供参考。

最后,中药产业高质量发展优化路径的保障措施。保障措施是为中药产业高质量发展提供外部的激励和支撑条件,通常在此领域提到的多是政府引导、产品创新、人才培养、扩大高水平开放等支持和保障手段。本书针对中药产业自身特点,结合访谈中被中医药机构、中药企业等提及最多的资金、土地、人才和政策机制作为主要的保障性措施。

本章小结

本章对关键概念、理论基础及分析逻辑进行了交代,具体研究内容如下:

首先,阐释了中药及中药产业、高质量发展及中药产业高质量发展等基本概念,明确了本书研究对象的内涵和外延。其次,引出了高质量发展、产业链、产业结构和可持续发展等核心理论,对于这些理论在著作中的应用进行了说明。再次,依据高质量发展和产业高质量发展,构建中药产业高质量发展优化路径的分析视角和分析框架。本章内容为后续开展中药产业路径现状及评析、中药产业高质量发展驱动因素及作用机理、优化路径及实施等研究奠定了分析依据,搭建了基本逻辑架构,提供了理论演绎的基石。

第 3 章　中药产业发展现有路径分类及评析

遵循中药产业链的分析思路,本章对中药产业发展路径现状进行描述和评析,以此把握中药产业发展现有路径全貌,明确制约中药产业高质量发展的路径问题所在,为后续章节的优化路径选择及实施奠定研究基础。

3.1　中药产业发展现有路径分类及评析思路

依据中药产业链的分析视角,本节凝练中药产业发展现有路径,围绕各路径的高质量发展目标,梳理评析思路。

3.1.1　中药产业发展现有路径分类

从产业链来看,中药产业发展路径就是组成产业链各环节的中药材种植、中药材加工和产品制造、中药流通、中医药健康服务形成和发展过程中的现有做法,其分别对应于中药农业、中药工业、中药商业、中医药健康服务业。中药材种植主要依赖于中药种质、土地、环境等自然资源,构成中药农业的资源型路径;中药材的炮制、加工,形成中药饮片,利用饮片生产出中成药,构成中药工业的加工型路径;在流通方面,由于中药产业对中药材的依赖程度大,其主要是通过 17 个中药材专业交易市场来完成的,构成中药商业的专业市场型;另外,中药在旅游、养生、养老、体育等领域也越来越发挥着独特的作用;进而,构成融合型发展路径;然而,从中药全产业链发展视角来看,涵盖产业链各环节的全产业链型路径也是其中之一。至此,可以将中药产业发展现有路径归为资源型、加工型、专业市场型和融合型发展路径,以及涵盖各环节的全产业链型路径五种类型。

(1) 资源型路径

资源型路径是以自然资源为依托的中药材种植路径,是中药农业发展的主要路径。由于中药产业均是基于中药材为原料来源而不断延伸和拓展的,因而,中药农业都是依托资源禀赋所发展起来的,中药材种植成为最基础性的产业。

瑞典经济学家俄林最早提出资源禀赋理论[187],他用资本、技术、劳动和土地等各种生产要素,来解释国际贸易中的比较成本优势。资源禀赋是一个地区发挥其资源要素优势而获得竞争力和长期发展的基础。

中药材种植高度依赖自然资源,自然资源禀赋是决定中药农业发展的最重要因素,早在20世纪70年代美国经济学家弗农·拉坦[188],就得出了一个国家的农业发展受资源禀赋条件制约的结论。因而,自然资源禀赋也决定了中药农业发展路径的主要选择。

我国拥有多种多样的自然生态环境,不同的土壤、气候、水分、中药材种质等自然资源为中药材种植提供了天然的条件,也孕育了多达12807种的中药材品种,因此,很多地区充分发挥本地自然资源的独特优势,开展中药材种植,形成中药农业的发展路径。加之近些年来,伴随我国农业供给侧结构性改革的持续推进,国家对中医药扶持力度不断增强,受到政策鼓励的影响,我国中药材种植得以迅速推广。近10年来,全国中药材种植面积增长了2566万亩①,增长率达90.35%;中药材行业产量增加141.1万吨,增长率为46.19%[189],生产能力大幅度提升,超过70%以上的中药材品种已实现人工种养和栽培。到2020年底,我国中药材种植面积达8339.46万亩[190],产量超过500万吨以上。云南省、贵州省、四川省、湖北省等因拥有众多的山地和广袤的森林覆盖率,而成为中药材的主产区,广大的东北地区,因丰富的土地资源,也为中药材种植业发展提供了优越的条件,反映在各个省域层面,也呈现同样的特征,这些即属于依托资源型的中药产业发展路径。

随着中医诊疗量的上升,中药材的消费量也呈现逐年增长态势,目前中药材市场需求量已达420.3万吨。从种植品种上看,家种品种逐年增加,且药食同源品种发展势头迅猛,需求总量年均增长9.5%,远高于非药食同源品种。中药材天地网统计数据显示,三七、人参、枸杞子、花茶等药食同源品种近两年的销售增幅均保持在8%以上。因而,以药食同源品种为基源的食品、保健食品等产品产量也进一步激增。同期,动物饲料生产中也开始广泛使用中药材,生物发酵饲料、植物提取物、饲用中草药等也迎来快速增长,给中药农业带来新的发展机遇。

(2)加工型路径

加工型路径是对采购的中药材原料通过一定的工艺进行处理的中药工业

---

① 1亩合666.7平方米。

发展路径,其包括对中药材进行炮制加工所形成的中药饮片产业,以及对饮片进行提取和深加工所形成的中成药产业。

利用中国知网知识元检索中的统计数据查询,分析我国中药工业发展情况。数据调查显示,我国中药饮片产值已超过2000亿元,中成药规模达6700亿元,中成药平均年营业额在医药类产品营业收入中,也处于较好的位置,如图3.1所示。从图3.2、图3.3揭示的2011—2016年的年均复合增长率以及2017年半年财务报表中的同比增长率来看,中药饮片和中成药营业收入成长性、利润总额成长性也都位居医药类产品前列。我国中药行业上市公司总市值排名中,云南白药、白云山、片仔癀、康美药业、同仁堂、天士力、济川药业、东阿阿胶、华润三九、步长制药是位居前10的企业。

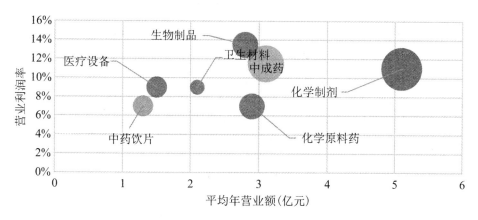

图 3.1 医药类产品营业收入情况

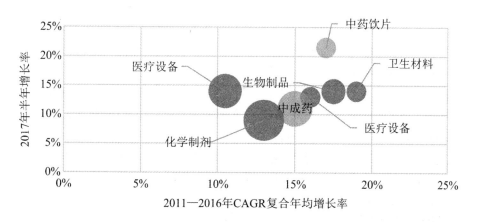

图 3.2 营业收入成长性

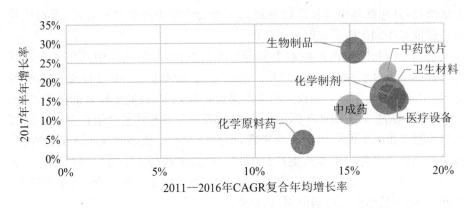

图 3.3 利润总额成长性

中药饮片产业因依赖中药材,所以其通常靠近中药材种植基地或中药材专业市场进行布局,以求方便获取原材料。截至 2020 年底,全国共有 2197 家中药饮片生产加工企业,其中安徽省最多,达 259 家,占全国的 12%,饮片加工产量占全国 30%。其次是广东省,达 203 家。河北省、四川省、云南省、甘肃省紧随其后,中药饮片加工企业数也都超过了 100 家。这均与上述地区的中药材种植面积或拥有中药材专业市场的情况相一致,反映出中药饮片加工产业对中药材原料的依赖。

中成药产业因对工艺技术、人才、科技水平要求高,其通常布局在具有产、学、研及临床优势的城区,为中药二次开发以及古代经典名方、古老名医经验方等新药研制创造了条件,而一些老字号的中成药制造企业本身就脱胎于城市中的药堂、药铺,拥有百年的中成药制造历史,如上海、北京、天津、广州等城市都有中药老字号品牌传承的中成药企业。截至 2020 年底,全国共有中成药生产制造企业 2160 家。其中,最多的是吉林省 166 家,其次是广东省 154 家,四川省、山东省、江苏省和黑龙江省分别有 138 家、105 家、104 家和 102 家。而宁夏回族自治区、西藏自治区、青海省、甘肃省、新疆维吾尔自治区、内蒙古自治区 6 个省份的中成药企业共计 121 家,仅占全国的 5.6%,与这些省份丰富的中药材资源相比,其中药产业并未得到深度开发和广泛利用。

另外,从我国中药饮片和中成药总收入来看,分别占医药工业总收入的 7% 和 22%,二者合计占医药工业总收入的比例接近 30%,从图 3.4 给出的医药工业通常所包括的类别中,可以看出中药工业的总收入并不占优。

由此,从企业数量、生产工艺状况、经营收入等方面可以看出,当前我国中药行业的技术应用水平仍然较低,科技要素不强,药企规模小,多数尚属于初级加工层次,一些企业依然是传统的作坊式经营,中药产品多为传统中药品种,高附加值、高技术、高价格的高端产品很少,与现代医药制造业相比较,在信息化、

第3章 中药产业发展现有路径分类及评析

智能化方面还存在较大的差距,仍然处于加工型为主的发展路径。

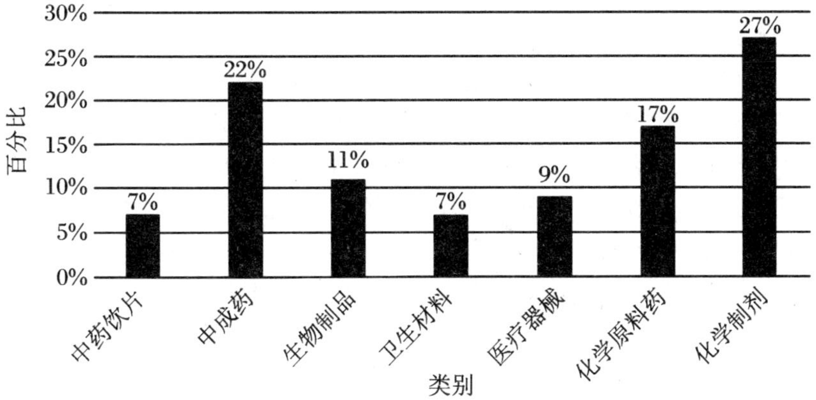

图 3.4 医药工业收入拆分

类别百分比:中药饮片 7%、中成药 22%、生物制品 11%、卫生材料 7%、医疗器械 9%、化学原料药 17%、化学制剂 27%。

(3)专业市场型路径

专业市场型路径是以设定的中心化交易市场为依托的中药商业发展路径,由于中药材的道地性特征明显,各地种植的品种并不相同,因而,专业市场的交易对象也主要是中药材,其满足了中药工业生产加工对散布于各地多品种中药材的需求。

从历史演进的角度来看,中药行业发展是早期一些乐善好施、治病救人的医圣们从行医卖药、到家庭药铺的设立再到药材集市的形成来实现的。自北宋起,全国各地就有了各种形式的药材庙会,并逐步发展为中药集散市场,如河北省的安国、河南省的禹州、江西省的樟树等,历史上称之为"祁州"的河北省安国县药业繁荣,享有"药州""药不进祁州没药味"之美誉,闻名全国及东南亚地区,河南省的禹州中药材专业市场被称为"中华药城",江西省的樟树药业在明末清初拥有遍布三街六井七十二巷的200余家中药铺,形成南北药材汇聚之地。在新中国成立前夕,经营药材销售的中药店铺遍及城乡大小集镇;新中国成立后不久,全国各地成立了中药专业经营机构——药材公司,形成专业的中药经营系统,经营形式由过去的店铺、集散地、农村集市、集散市场向专业性的行业发展演变,并且逐步被现代化专业市场取代。

目前,国内共有17个中药材专业交易市场,分别是哈尔滨三棵树、甘肃黄河、西安万寿路、河北安国、山东舜王城、河南禹州、安徽亳州、重庆解放西路、成都荷花池、湖北蕲春、湖南岳阳花板桥、湖南廉桥、江西樟树、昆明菊花园、广东普宁、广州清平、广西玉林,其中安徽亳州是全国最大的中药材专业交易市场。而近年来伴随"互联网+"的浪潮,一大批中药材电子商务平台也陆续建立,如中药材天地网、绿金在线、珍药材等,其利用互联网技术提供信息发布、金融支持等服务,引发了行业发展的巨大变革。

依托专业市场,中药材的国际贸易也在逐年增长。在世界范围内,中药也被越来越多的国家认可,有数十个中药材品种进入了法国植物药用药手册,多个中药材标准进入了法国药典、欧洲药典。美国 FDA 也于 2004 年 6 月制定了《植物药制剂指南》[191]。在国际市场上,受全球经济回暖的影响,我国中药材出口也相应增加,中药材市场需求旺盛。2020 年 1 月至 6 月,我国出口中药材数量 11.74 万吨,同比增长 28.01%,出口金额 6.18 亿美元,同比增长 18.51%,主要品种有人参、肉桂、红枣、枸杞子、茯苓等,2020 年上半年,黄芪、麻黄、当归、甘草、黄芩、大黄、川穹、半夏、蒿、茯苓、青贝母等与抗击新冠肺炎疫情有关的中药材品种出口量均有不同程度增加,同比增幅为 5%~51%;进口中药材 5.52 万吨,同比减少 14.84%,进口金额 1.21 亿美元,同比减少 17.01%[192],主要进口品种有西洋参、鹿茸、龙眼、乳香、西红花、没药及血竭等。从出口地区来看,仍以日本、越南、马来西亚、韩国等亚洲国家和地区为主,其占中药材出口总额的 80%以上,尤其是在"一带一路"倡议的推动下,对该沿线国家和地区出口量大增,远高于我国中药材出口整体水平。

(4) 融合型路径

融合型路径是以"中药+"为依托的中医药健康服务业发展路径,其是基于"大健康"理念,将中药发展与中医医疗服务、旅游、体育、养生、养老、保健等相结合,形成独具特色的新型业态。

目前,我国中医药健康服务业起步虽然较晚,但是发展势头强劲。中医药具有"治未病"的巨大优势,自然成为健康服务业发展的主流。而随着《中医药健康服务发展规划(2015—2020 年)》《中华人民共和国中医药法》《中共中央国务院关于促进中医药传承创新发展的意见》《关于加快中医药特色发展的若干政策措施》等政策和法律的颁布和实施,更是加速推动了中医药健康服务业的发展。数据显示,我国中医药健康服务业已成为较具发展潜力的产业之一[193]。图 3.5 列举了 2011—2017 年我国中医药健康服务业市场规模,从 2011 年的 6658 亿元增长到 2017 年的 17500 亿元,增加了 1.628 倍,年均复合增长率为 17.48%。

反映在中医医疗服务领域,中医医疗机构纷纷建立起"治未病"科室或中心,基层"中医馆"也得以普遍设立,中医药健康服务的特色功能得到有效发挥,中医药健康服务已形成多元化、多层次的消费格局。

在产品领域,目前产业规模最大的是云南白药集团,其年销售收入超过 200 多亿,其中健康产品就超过了三分之二,凸显出中医药健康服务业的市场发展潜力巨大。

在产业融合方面,中医药与旅游业的融合最为突出。全国现有 454 个景区、90多个中医药博物馆开展了中医药健康服务,有21家中医药单位与旅游公司签订了合作协议,面向境外游客开展中医医疗旅游服务,提供康体养生、中医美容、传统膏方、药浴、药膳、医药保健等项目和产品[194]。"到2025年,我国中医药健康旅游人数达到旅游总人数的5%,中医药健康旅游收入达5000亿元。"[195]

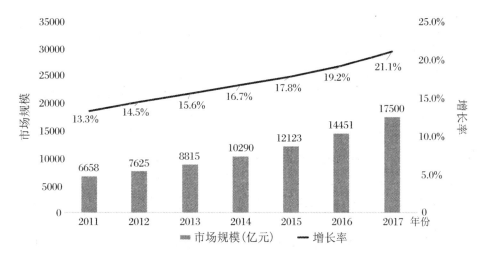

图3.5 中医药健康服务业市场规模

各省也纷纷打造本地区的中医药健康服务业,浙江省推出了21个中医药文化养生旅游示范基地,打造了一批中医药特色小镇、中医药主题民宿、中医药特色街区等中医药健康旅游产品[196]。广东省也相继开发了18条中医药养生文化旅游线路、40家中医药养生旅游示范基地[197]。海南省更是走在全国的前列,全省拥有"健康服务业单位2176家、规模以上企业近50家,从业人员91254人,营业收入243.74亿元,医疗健康产业总产值占该省GDP的11%"。[198]

这些表明我国中药产业拥有良好的产业链延伸和拓展能力,并且积极地与其他相关行业融合发展,构成融合型路径。

(5)全产业链型路径

全产业链型路径是将组成中药产业链各环节连接在一起,把中药材种植、加工、产品生产销售、中医药健康服务等融合为一体的产业经营路径。

新中国成立之前,遍布城乡、规模不一的中药铺是中药产业的主要市场形态,中药铺的主人自行采集道地药材、自行炮制加工生产中药饮片,根据民间药方或医药典籍自行制成中成药进行销售,并且世代经营,"石臼磨粉,竹箩泛丸"是其典型写照。这些中药铺的主人既是中医师,又是中药师,集野生药材采选、炮制加工、看病给药于一体,被后人称为"江湖郎中"。这种模式覆盖中药材采摘、加工、销售全环节,药源自采、自收、自制、自销,属于一种前店后场的手工业作坊式的全产业链型路径。

现实中,也有一部分企业致力于全产业链的发展路径,如河南省宛西制药股份有限公司,利用当地丰富的中药材资源优势,以张仲景为品牌,建立起中药材、大药房、大厨房、医药物流、养生院等各类旗下公司,形成了集中药农业、中药工业、中药商业、健康食品生产、中药医疗及中药养生六大产业为一体的健康产业链[199]。

现实中,受到中药材多品种、少量化需求特征的制约,中药农业、工业均难以实现同品种、大规模的产业化发展,如从中药消费主渠道的中医院来看,中医药服务量也仅占三分之一左右,且中药多是复方用药,品种多、数量少的应用特征明显。因而,从区域层面来看,中药产业也就难以形成全产业链的发展路径。当前,中药全产业链发展路径主要体现在以中药工业企业为主体,通过向前和向后的一体化带动中药农业、商业和健康服务业发展,对于产值较低的中药农业企业和实力较小的商业企业来说,则难以带动全产业链的发展,至于中医药健康服务业,也多是依托中药材种植来构建田园综合体或健康旅游等,依旧以中药农业为主,因此,同样也难以在全产业链中发挥主体作用。

3.1.2 中药产业发展现有路径评析思路

表 3.1 列出了中药产业发展现有路径分类及评析方法,现有路径涉及资源型、加工型、专业市场型、融合型和全产业链型。以高质量发展目标来衡量,资源型路径应体现在资源保护及开发利用能力,核心是中药种质资源及自然生态资源的保护和开发利用效率问题,对效率进行衡量,可以从中揭示资源型路径的问题;加工型路径体现在生产工艺及技术、产品创新上,核心是创新能力,创新水平是其高质量发展的目标追求,对创新能力进行衡量,可以深入挖掘加工型路径中的问题;专业市场型路径侧重在品牌的溢出效应,核心在于依赖品牌价值所带来的市场效应,品牌影响力成为其高质量发展目标,对中药产品品牌进行分析,可以从中找到专业市场型路径的问题;融合型路径旨在共赢发展,核心是中药产业链各环节之间以及与相关产业之间关联是否紧密的问题,产业融合水平及由此带来的竞争力提升,构成其高质量发展目标,通过融合度的测量可以得出融合型路径的问题;全产业链型路径的核心是完整性、协调性所表现出来的竞争力,其高质量发展目标体现在第 2.1.3 节的中药产业高质量发展内涵中,在表 3.1 里直接写成产业高质量发展,通过对其长度、丰度、宽度和关联度的评判,可以得出全产业链型路径的问题。

表 3.1　中药产业发展现有路径分类及评析方法

序号	产业链	现有路径	高质量发展目标	关键评析点	评析方法
1	中药农业	资源型	资源保护及开发利用效率	效率	数据包络分析法[200]
2	中药工业	加工型	创新水平	专利	专利分析法[201]
3	中药商业	专业市场型	品牌影响力	品牌	品牌资产十要素模型[202]
4	中医药健康服务业	融合型	融合水平	融合度	灰色关联度分析法[203]
5	全产业链	全产业链型	产业高质量发展	长度、丰度、宽度、关联度	模糊综合评价法[204]

受中药产业发展水平的制约，有关中药产业方面的数据，尚未纳入国家统计报告系统。因此，为保证数据的可获取性和分析的可实现性，在具体评析时，选取关键评析点以及相匹配的评析方法，以此挖掘出中药产业发展现有路径存在的多种问题。

其中，针对资源型路径，直接选取效率为关键评析点，来反映资源保护及开发利用的效率；针对加工型路径，考虑到科技创新担当的核心角色，故选取代表了产业创新能力和竞争力的专利为其关键评析点；针对专业市场型路径，则基于品牌所具有的强大溢出效应，选取品牌为其关键评析点；针对融合型路径，则可通过融合度的评析，来揭示产业的融合水平，融合度成为关键评析点。

而针对全产业链型路径的评析，则基于中药产业链的分析视角，依据科学性、可比性、简明性和系统性原则，结合高质量发展的内涵，以产业链的长度、丰度、宽度及关联度四个方面建立分析维度（图3.6）。围绕上述四个方面分析中药全产业链竞争力的问题，以充分体现出产业链的完整性、健全性、发展性等要求。

中药产业链的长度、丰度、宽度及关联度，展现了中药产业内外的成长、成熟，与事物发展所表现的扩充、扩展、延伸等内在的演进机制相一致，能够反映出中药产业链及高质量发展的内涵、适应不同地区中药资源禀赋的差异、揭示中药产业发展中的关键问题、体现中药产业链各环节整体与局部统一，从而科学地评价中药产业链运行绩效。其贯穿于中药产业问题评析、影响因素识别以及中药产业高质量发展路径选择及实施的研究全过程。

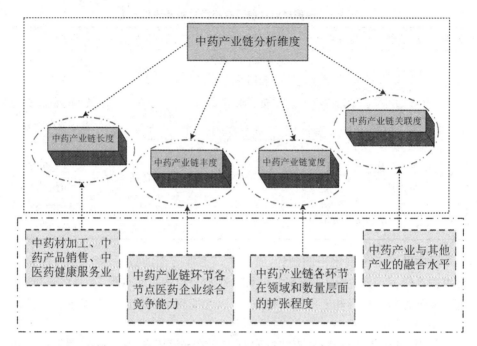

图 3.6　中药产业链分析维度

中药产业链的长度是指贯穿中药材、中药产品加工制造、中药产品销售及中医药健康服务业全过程的一系列生产活动。其主要是从纵向的角度来衡量中药产业链，聚焦链条的延伸与扩展，其涉及从上游到下游产业发展的各环节，因此，可以通过中药产业链纵向一体化程度、产业链环节的耦合度、产业链纵向延伸效率和延伸价值增值能力四个模块来进行衡量。纵向一体化程度反映了中药产业链的纵向延伸状况，以及各环节节点相关企业集成化的水平；产业链环节耦合度反映了在产业链纵向运行中，各环节之间的连接紧密度越大，则越有利于中药产业的纵深开发；产业链纵向延伸效率反映了中药产业链各环节之间的合作效率；延伸价值增值能力则反映了中药产业链纵向延伸的结果绩效，若该能力愈强，则表明产业链长度延伸愈加合理。

中药产业链的丰度是指反映产业链的整体绩效水平和实力，其主要是从产业发展质量的角度来衡量，体现的是产业内涵式发展要求，具体表现为产业链环节上各节点企业的综合竞争能力。能够从总体上反映产业链绩效的各环节产业规模、从空间布局上反映产业链整合能力的产业集聚度、从标准和专利上反映产业专业化水平的专利数、从品牌价值及市场份额上反映产品特色和附加值的产品竞争力等方面进行揭示。

中药产业链的宽度是指中药产业链各环节在领域和数量上的扩张程度，其主要是从横向的角度来揭示中药产业链的拓展能力，以及对各类资源的配置和综合利用水平。主要表现为中药企业利用资源增强自身发展能力,扩大新业务范围,入驻市场的企业数量逐渐增加,因此企业增长数量、中药资源利用率、新业态的增长等方面是其主要衡量标准,并且集中体现在品牌效应方面。

中药产业链的关联度主要体现为中药产业与其他产业的融合水平,以及对经济社会发展所产生的效益,所展现的是产业的互动、组合和演进状况,即融合因素是其核心要素,因而,其可由反映产业融合水平的融合度,反映产业发展生态效益、经济效益和社会效益的生态贡献率、税收贡献率和就业贡献率来衡量。

3.2 资源型路径效率评析

资源型路径的核心是中药种质资源及自然生态资源的保护和开发利用效率问题,因此,运用数据包络分析法(Data Envelopment Analysis,DEA)进行评析,可以从中揭示资源型路径的问题。

3.2.1 评价方法及数据处理

数据包络分析是典型的评价效率的方法,利用数据包络分析法,揭示中药产业资源型路径存在的主要问题。

(1) 数据包络分析

作为一种衡量决策单元效率相对有效性的非参数方法,DEA 的基本思想是利用输入、输出观察值形成有效生产前沿面,根据各决策单元在有效生产前沿面的投影,判断其相对有效性,以对投入产出效率予以改进。本书此处的决策单元即中药农业。DEA 分为 BCC(规模收益可变)和 CCR(规模收益不变)模型。主要思路如下:假设有一组 n 个决策单元的技术效率,表示为 DMU_j($j=1,2,\cdots,n$),每一个 DMU 有 m 个投入 x_i($i=1,2,\cdots,m$),s 个产出 y_r($r=1,2,\cdots,s$),具体如下:

$$X_{ij} = (x_{1j}, x_{2j}, \cdots, x_{mj})^t > 0, \quad j=1,2,\cdots,n, \quad i=1,2,\cdots,m \tag{3.2.1}$$

$$Y_{rj} = (y_{1j}, y_{2j}, \cdots, y_{sj})^t > 0, \quad j=1,2,\cdots,n, \quad r=1,2,\cdots,s \tag{3.2.2}$$

CCR 和 BCC 模型的约束方程组为式(3.2.3)和式(3.2.4),λ_j 为权重向量,θ 为综合效率值,满足 $0 \leqslant \theta \leqslant 1$,其经济含义可以表示为:在某一决策单元(DMU)产出 y_k 可由所有 n 个 DMU 产出线性组合代替的情况下,其投入 x 的可压缩程度,压缩比例为 θ,这里的 θ 被称作效率测度值。当 $\theta=1$ 时,评价结果为 DEA 相对有效;当 $\theta<1$ 时,评价结果为 DEA 相对无效。m,s 分别为输入和输出指标个数。

投入导向 BCC 模型是在 CCR 模型的基础上增加了约束条件 $\sum_{j=1}^{n}\lambda_j = 1$。

$$(CCR)\,s.t.\begin{cases}\min\theta\\ \begin{cases}\sum_{j=1}^{n}X_{ij}\lambda_j \leqslant \theta X_{ik}\\ \sum_{j=1}^{n}Y_{rj}\lambda_j \geqslant Y_{rk}\\ \lambda_j \geqslant 0, j=1,\cdots,k,n;\quad i=1,\cdots,m;\quad r=1,\cdots,s\end{cases}\end{cases} \quad (3.2.3)$$

$$(BCC)\,s.t.\begin{cases}\min\theta\\ \begin{cases}\sum_{j=1}^{n}X_{ij}\lambda_j \leqslant \theta X_{ik}\\ \sum_{j=1}^{n}Y_{rj}\lambda_j \geqslant Y_{rk}\\ \sum_{j=1}^{n}\lambda_j = 1\\ \lambda_j \geqslant 0, j=1,\cdots,k,n;\quad i=1,\cdots,m;\quad r=1,\cdots,s\end{cases}\end{cases} \quad (3.2.4)$$

(2) 指标选取和数据来源

以我国 31 个省、区、市为研究样本,本书选取 2010—2019 年中药材的相关数据,从投入和产出的角度评价中药农业的投入产出效率。由于难以采集到完整的中药材数据,所以选取相关的农用机械总动力、农用化肥施肥量、中药材种植面积为投入指标,以中药材产值为产出指标。这些指标均来源于《中国统计年鉴》,部分缺失值已运用 SPSS 软件进行填补完整(表 3.2)。

表 3.2 31 个省、区、市 2019 年中药材相关数据

地区	中药材产值 (亿元)	中药材种植面积 (千公顷)	农用机械总动力 (万千瓦)	农用化肥施肥量 (万吨)
北京	0.3	2.0	122.8	6.2
天津	0.3	0.6	359.8	16.2
河北	154.1	98.9	7830.7	297.3
山西	70.7	61.0	1517.6	108.4
内蒙古	33.3	122.8	3866.4	218.4
辽宁	5.0	28.2	2353.9	139.9

续表

地区	中药材产值（亿元）	中药材种植面积（千公顷）	农用机械总动力（万千瓦）	农用化肥施肥量（万吨）
吉林	32.0	26.0	3653.7	227.1
黑龙江	390.1	70.7	6359.1	223.3
上海	0.3	0.3	98.0	7.5
江苏	13.4	16.9	5112.0	286.2
浙江	63.8	53.5	1908.0	72.5
安徽	63.1	95.1	6650.5	298.0
福建	66.6	24.1	1237.7	106.3
江西	23.0	82.3	2470.7	115.6
山东	77.9	43.0	10679.8	395.3
河南	296.5	153.6	10357.0	666.7
湖北	115.2	239.8	4515.7	273.9
湖南	185.6	87.8	6471.8	229.0
广东	108.0	48.8	2455.8	225.8
广西	111.1	94.7	3840.0	252.0
海南	19.8	15.0	581.2	46.3
重庆	110.4	114.9	1464.7	91.1
四川	82.5	135.9	4682.3	222.8
贵州	221.1	220.0	2484.6	83.2
云南	445.3	212.7	2714.4	204.0
西藏	13.7	1.3	559.0	4.8
陕西	107.0	209.5	2331.5	202.5
甘肃	134.8	271.1	2174.0	80.9
青海	56.1	44.5	484.2	6.2
宁夏	38.4	56.5	632.2	38.4
新疆	51.8	71.5	2789.0	257.8

注：受篇幅限制，此处仅列出 2019 年数据。

(3) 数据处理及评价结果

笔者采用 DEA 模型分析，运用 DEAP 2.1 软件对 31 个省、区、市 2010—2019 年中药农业相关数据进行计算，得到其综合效率、纯技术效率、规模效率和规模报酬变化情况，如表 3.3 所示。其中，纯技术效率反映了生产技术是否被充分利用;规模效率反映要素投入对总要素生产率变化的影响;综合效率反映要素资源的配置、利用和规模集聚情况,主要由纯技术效率和规模效率的乘积构成;CCR 模型计算得到 DMU 的综合效率,只有当综合效率为 1 时,DMU 才是技术有效和规模有效;BCC 模型计算得到 DMU 的纯技术效率,只有技术效率等于 1 时,评价对象才是纯技术有效。根据综合效率=纯技术效率×规模效率,可求出规模效率。规模收益分为规模收益递增(irs)、规模收益递减(drs)和规模收益不变(crs)三种情况。

表3.3 2010—2019 年中国 31 个省、区、市中药农业投入产出效率

地区	综合效率	纯技术效率	规模效率	规模报酬
北京	0.034	0.821	0.042	irs
天津	0.000	1.000	0.000	irs
河北	0.228	0.228	1.000	—
山西	1.000	1.000	1.000	—
内蒙古	0.072	0.100	0.719	irs
辽宁	0.035	0.087	0.402	irs
吉林	0.087	0.121	0.719	irs
黑龙江	0.021	0.055	0.385	irs
上海	0.197	1.000	0.197	irs
江苏	0.186	0.190	0.979	irs
浙江	0.357	0.372	0.959	irs
安徽	0.160	0.167	0.955	irs
福建	0.302	0.362	0.836	irs
江西	0.070	0.118	0.589	irs
山东	0.344	0.344	1.000	—
河南	0.144	0.146	0.990	irs
湖北	0.242	0.243	0.996	irs
湖南	0.562	0.572	0.983	drs
广东	0.407	0.413	0.986	irs
广西	0.272	0.279	0.974	irs
海南	0.052	0.260	0.200	irs
重庆	0.292	0.306	0.955	irs
四川	0.385	0.397	0.968	drs

续表

地区	综合效率	纯技术效率	规模效率	规模报酬
贵州	0.027	0.126	0.212	irs
云南	0.308	0.315	0.979	irs
西藏	1.000	1.000	1.000	—
陕西	0.522	0.560	0.933	drs
甘肃	0.482	0.559	0.861	drs
青海	1.000	1.000	1.000	—
宁夏	0.816	0.886	0.920	irs
新疆	0.030	0.081	0.374	irs
平均	0.311	0.423	0.746	—

3.2.2 测评结果分析

由表3.3可知,2010—2019年我国31个省、区、市中药农业投入产出的综合效率为0.311、纯技术效率为0.423、规模效率为0.746,三者与1相比尚有较大的差距,究其原因,主要在于我国中药材的栽培、采收、加工技术及其产业规模等方面的发展受到限制,导致整体的综合效率平均值偏低。

具体来看:全国只有山西、西藏和青海三省(自治区)的综合效率、纯技术效率和规模效率均为1,规模报酬不变,因而,这三个省份中药农业投入产出效率处于DEA完全有效状态,说明其中药农业的效率和规模均达到最优、最佳阶段。

综合效率处于0.5~0.8的只有湖南、陕西和宁夏三省(自治区),分别是0.562、0.522和0.816;湖南省和陕西省中药农业规模效率均比纯技术效率表现突出,规模效率均达到了0.9以上,但是纯技术效率为0.6左右,致使两省的综合效率弱于宁夏回族自治区的综合效率水平。综合来看,两省一区的技术水平和要素投入效率整体较高,但是在栽培、采收、加工等技术方面仍然有一定的提升空间。

综合效率在0.2~0.5的有河北、浙江、福建、山东、广东、广西、重庆、四川、云南和甘肃,这10个省(自治区)的规模效率均在0.8以上,纯技术效率均小于0.56,综合效率都不足0.5,表明这10个地区拥有适中的中药材种植、加工规模,适度的要素投入规模,但是投入相对于产出则存在一定的冗余,未达到最佳比例,主要原因在于中药产业的技术水平未能与其产业规模相匹配,致使综合效率偏低。

在剩余的地区中,天津市的中药农业综合效率为0,该市的中药材种植面积偏低,无法形成一定的规模,造成中药材产值较低,使其近十年的发展态势平平。江苏、河南、安徽三省的规模效率均在0.95以上,但是技术效率较低,其余地区的中药农业纯技术效率和规模效率均处于较低水平,表明其中药农业中的技术水平以及要素投入效率方面,都具有较大的提升空间和改善潜力。

从规模报酬来看,规模收益递减的省份有甘肃、陕西、四川和湖南,说明这些省份中药农业投资规模效益逐渐减小,相同的要素投入所获得的产出效益越来越少;规模收益不变的省份(自治区)有河北、山西、山东、西藏和青海,即这些地区中药农业生产投入所带来的产出不随时间变化而变化;其余省、区、市的规模收益递增,即这些地区中药农业的规模效益尚有继续发挥的空间,增加相同规模的要素投入将带来逐渐变大的产出。

通过采用DEA模型对全国31个省、区、市的中药农业进行投入产出效率评价,研究表明全国地区中药农业投入产出的综合效率总体水平较低,纯技术效率处于中下游水平,规模效率相对较高,得出如下结论:

中药农业投入量冗余导致产出效率低下。中国四大药都分别位于安徽、河北、江西、河南,中药资源极其丰富,中药产业链较为完整,由于技术水平限制,四省中药农业的综合效率却不容乐观,DEA均无效。山西、西藏和青海的综合效率、纯技术效率和规模效率均为1,处于DEA完全有效状态,凭借着中药农业的资源优势以及市场品质竞争优势,投入产出效率俱佳。近10年来,大多数省、区、市中药农业投入量偏大,导致冗余过量,投入与产出之间出现脱节现象,使得投入产出并不协调。

全国各省、区、市中药农业发展整体呈现规模报酬递增的趋势。2010—2019年,中国中药农业整体的发展呈现出规模收益不断增长的趋势,虽然如此,当前中国各省、区、市中药材种植人员对生产要素的投入更多地依靠过往经验,而非科学技术,使得中药农业的纯技术效率低下,所以中药农业环节仍需持续不断地进行技术革新,使投入产出比平衡,进而扩大产业规模和提高药材质量。

通过对中药农业投入产出效率的实证分析,可以看出其综合效率是由投入要素的技术效率和规模效率所共同决定的。其中,投入要素的纯技术效率可以通过合理扩大科研资金,改进关键技术环节,优化要素配置,突出中药相关专业人才的培养,使中药资源使用效率最大化、最优化。中药农业规模效率的提高,需要通过企业间的合理分工、合理协作,共享中药资源,并通过建立一套高效的中药农业创新平台,来实现中药资源的有效整合,从而促进中药农业发展,实现中药农业规模效率的改善与提高。

在此基础上,国务院、国家药监局、国家发展改革委、国家中医药管理局及相关部门可以根据市场环境、政策环境以及制度环境等多种因素,建立中药农业可持续健康发展的大环境体系;通过制度创新和管理创新,优化要素的合理配置,促进中药资源使用效率的最大化;另外,市场需要发挥其在资源配置中的决定性作用,进一步解放对生产力发展的束缚,形成以需求为导向的正向竞争机制。

显然,中药农业效率问题所反映的是中药农业专业化程度的不足,中药农业各环节关联不紧密,技术的应用水平低下,普遍处于传统的种植模式和生产组织方式,极大地限制了中药农业的产出效益。因此,专业化发展应该成为包括中药农业在内的中药全产业链提升效率的根本路径。

3.3 加工型路径创新能力评析

加工型路径的核心是加工工艺及产品创新能力,反映此能力的指标很多,其中,专利是较为常用的代表性指标[205],因而,通过对中药技术专利的分析,可以深入挖掘加工型路径中的问题。

3.3.1 评价方法及数据来源

专利分析法(Patent Analysis,PA)是从专利的角度分析行业技术的发展现状及其趋势,是惯用和成熟的一种方法。国家知识产权局就明确提出"专利导航"的产业发展理念,强调把专利嵌入产业技术创新中,引导和支撑产业创新发展。因而,运用专利分析法可以发现中药产业在创新领域存在的问题。这里,笔者以我国中药技术专利申请情况为对象,分析专利类型、年代趋势、申请人和技术领域等维度,从中挖掘我国中药产业在科技发展上的现状,找寻存在的问题。

以国家知识产权局数据库(CNIPA)为检索源,以专利名称中含有"中药"的有效专利为检索范围,申请日的时间跨度为2017年1月1日到2021年12月31日,对检索结果进行下载统计,剔除无效专利,共计获得近五年中药专利30798件,分析结果如下。

(1)专利类型

我国专利分为发明、实用新型和外观设计3种类型。在30798件专利中,发明专利7342件,实用新型专利22617件,外观设计专利839件(图3.7),分别占比23.84%、73.44%和2.72%。发明专利代表了行业领域的技术力量,拥有较高的经济和社会价值,但是中药发明专利占比仅为 23.84%,远不及实用新型专利的 73.44%,反映出我国中药科技研发水平仍然不足。

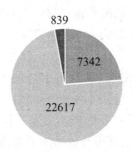

图 3.7　专利类型

(2) 年代趋势

从 2017 年到 2021 年,各年申请的中药专利数分别为 3471 件、4549 件、6423 件、9387 件和 6976 件(图 3.8),专利数处于逐年上升势头。总体上,专利数呈现增长态势,尤其是从 2017 年到 2020 年,反映出近些年来中药产业已成为社会经济中成长较快的领域之一,这与中医药发展宏观环境的改善是密不可分的,但 2021 年呈现明显的下降态势。进一步来看,稳定性和连续性还不够,研发还缺乏体系化的设计,缺乏对中药技术领域的全景式规划。

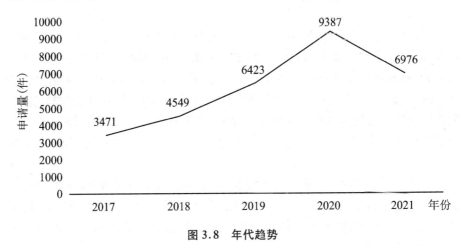

图 3.8　年代趋势

(3) 申请人(专利权人)

在申请人(专利权人)方面,表 3.4 列举了排在前 10 位的主要申请人及其属性。申请人数据表明,高校且主要是中医药院校在中药研发领域占据核心地位,超过 70%的比例,而企业、中医院、科研院所在中药研发方面还需要进一步加强,尤其是相关科研院所和综合性医院在中药领域没有足够的专利成果。由此,也反映出我国中药企业的研发力量较为薄弱;同时,高校与企业的科研协作不够紧密,高校科技成果在转化率方面的成效不明显。

表 3.4　前 10 位主要申请人(专利权人)

序号	申请人	数量	属性
1	浙江厚达智能科技股份有限公司	114	企业
2	河南中医药大学	107	高校
3	辽宁中医药大学	86	高校
4	江西中医药大学	80	高校
5	上海观道生物科技有限公司	61	企业
6	山西中医药大学	55	高校
7	北京和利康源医疗科技有限公司	52	企业
8	山东中医药大学	51	高校
9	陕西中医药大学	51	高校
10	中国药科大学	50	高校

数据来源:通过 CNIPA 检索的数据整理获得。

(4) 各省申请量

在各省申请量分布中,排在前 10 位的分别是广东省、山东省、江苏省、四川省、浙江省、安徽省、河南省、北京市、江西省和河北省,如图 3.9 所示。这些省份在中药产业链相应环节都具备优势,如广东省、江苏省、浙江省、北京市在中药工业领域拥有优势,山东省、四川省、安徽省、河南省、江西省在中药材资源领域较为丰富,中药农业优势明显,而且四川省、安徽省和河北省均拥有我国中药材大市场,在中药商业领域体现出自身的长处。但是在前 10 个省份中,可以看出存在三个层次:广东省、山东省和江苏省处于第一层次,专利申请量均远超 2000 件;四川省、浙江省、安徽省、河南省处于第二层次,专利申请量接近 2000 件;而北京市、江西省、河北省处于第三层次,与第二层次省份相比,落差明显。这反映出我国省域间中药产业科技创新水平差异较大。

(5) 技术领域

技术领域构成方面,依据国际专利分类(IPC 部),最多的是医学技术领域的 A 部 61 大类"医学或兽医学;卫生学"和 A 部 23 大类"其他类不包含的食品或食料;及其处理",共 15137 件,占比 49.15%。其次是 B 部的"B01:一般的物理或化学的方法或装置;谷物碾磨的预处理""B02:破碎、磨粉或粉碎;谷物碾磨的预处理""B08:清洁""B65:输送;包装;贮存;搬运薄的或细丝状材料""B07:将固体从固体中分离;分选""B26:手动切割工具;切割;切断",共 13538 件,占比43.96%。二者占据比例高达93.11%,如表3.5所示,其与专利类型中的表现趋于一致,表明我国中药领域缺乏新技术的发明以及新药等创新产品。

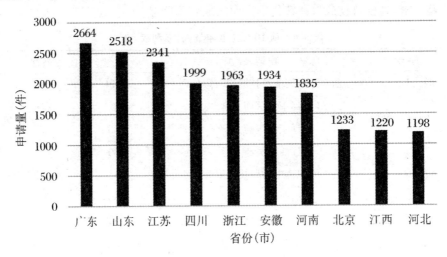

图 3.9　前 10 省份申请量

表 3.5　技术领域构成

序号	技术领域(IPC 部)	申请量	占比
1	A	15137	49.15%
2	B	13538	43.96%
3	F	2998	9.73%
4	G	1912	6.20%
5	C	1469	4.77%
6	H	240	0.78%
7	E	174	0.56%
8	D	125	0.41%
9	其他	777	2.52%

技术所处阶段方面,一般根据专利申请数量和申请人数量将技术生命周期划分为5个阶段,每个阶段也表现出独有的一些特征[206],具体如表3.6所示。另外,由图3.10可以看出,从2017年到2020年,我国中药专利申请数量和申请人数量均呈现较快的增长态势,此时处于技术发展阶段,但是到2021年,二者却呈现明显的下滑态势,意味着目前我国中药技术研发不稳定,缺少新的技术发展方向,亟须在基础研究方面形成新的突破,带动中药科技创新,这一结果与前文的分析相一致。

表 3.6 技术所处阶段及其特征

所处阶段	特征
起步阶段	专利申请数量和申请人数量均较少,技术还处在实验开发阶段,并未商品化
技术发展阶段	专利申请数量和申请人数量均增加,第一代商品问市,其多为产品导向专利
技术成熟阶段	专利数量继续增加,而申请人数量不变,商品以占有市场为主要目的,专利则以商品改良设计型为主
技术衰退阶段	专利数量维持不变而申请人数量大大减少,商品形态固定,技术无进展,专利以小幅改良型为主,仅少数优势厂商存在
技术再发展阶段	专利数量开始增加,申请人数量亦有所增长,出现新的技术发展方向

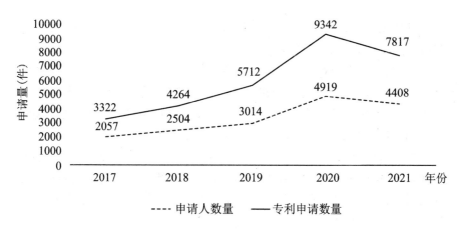

图 3.10 技术生命周期

分析表明,目前我国中药技术研发的稳定性和连续性不够,反映出中药研发还缺乏体系化的设计,缺乏对中药技术领域的全景式规划,难以形成系列化的技术成果。中药企业、中医院、科研院所在中药研发方面动力不足,尚缺乏突破性的技术和方法。在科学技术已成为衡量产业发展水平和竞争力核心标志的今天,中药产业科技创新能力明显滞后,产业、产品的研发设计能力普遍薄弱,产品更新换代缓慢,核心技术难觅。

3.3.2 评价结果分析

从中药专利技术分析中可以看出,中药产业在创新领域面临一系列的问题,主要有以下几个方面。

(1) 中药产业科技创新水平存在区域异质性

由图 3.9 不难看出,排在前 10 的依次是广东省、山东省、江苏省、四川省、浙江省、安徽省、河南省、北京市、江西省和河北省,并且,这些省份表现为 3 个层次:广东省、山东省和江苏省处于第一层次,专利申请量均远超 2000 件;四川省、浙江省、安徽省、河南省处于第二层次,专利申请量接近 2000 件;北京市、江西省、河北省处于第三层次,与第二层次省份相比,差距较大,表明省域之间中药产业科技创新水平差异性较大。

(2) 中药科技研发水平较低

图 3.7 中的数据显示,中药发明专利占比仅有 23.84%,远远低于实用新型专利的 73.44%,反映出中药科技研发水平较低。从图 3.8 发现,2017 年到 2021 年期间,各年申请的中药专利数逐年增加,专利数呈现上升态势,增长态势明显,但是 2021 年呈现明显的下降态势,折射出近些年中药产业稳定性和连续性不足。

究其原因,则为产学研脱节,协同创新能力薄弱,中药生产企业、高等院校、科研院所之间缺乏有效的多学科、跨部门共同参与的信息沟通、协同创新合作平台与渠道,导致企业对最新科研成果缺乏了解和认知,一些有效成分明确、疗效确切、作用机理清晰、安全性高的中药产品以及创新药物研发技术、中成药二次开发技术、信息技术、生物技术、中药质控及有害物质检测技术等现代新技术新方法的应用没有引起足够重视,高校和科研院所的科研成果也难以真正得到有效转化。这些意味着以科技创新为核心的产业发展目标和竞争优势尚未真正实现;符合中药自身特点的研究、评价方法及标准规范等自主创新体系也尚未形成,科技成果难以有效转化和吸收,制约了中药产业的现代化、国际化发展。

(3) 中药高附加值及创新产品偏少

由表 3.4 可知,超过 70% 的申请人(专利权人)是中医药为主的高校,反映出中药企业的研发能力明显不足;反映在中药产品上,表现为初级产品为主,品种单一、产品同质化、产品线较短、产品科技含量低、附加值低,缺少高技术含量、高附加值的产品和能够进入世界主流市场的产品。

究其原因,是源于中药企业创新能力的欠缺。从企业结构来看,中药企业规模普遍弱小,大型龙头企业总数占比不到 10%,中药材种植和原料药、中成药、中药制剂的生产及流通企业之间缺乏强强联合,缺少覆盖产业链上下游、一体化经营的企业集团。大多数企业专业化程度不高,技术、装备及管理水平落后,市场竞争力较弱,且无序竞争严重。

从产业结构内部看,中药产业仍以中药农业为主,中药工业基础薄弱,基本上还处在发展初期,且占比偏低,产业的精深加工能力严重不足,绝大多数企业均属于初加工,生产工艺和工程化技术水平落后,加工技术粗放,缺乏专业化制药工业设备设施,生产效率和对中药材的综合开发利用程度低。

(4) 中药人才与科技资源匮乏

中药产业链各环节均缺乏人才与技术资源。中药材多是药农依据经验的积累和自我摸索进行种植,缺乏专业技术人才的指导。一方面是因为基层的条件难以吸引和留住中医药高等院校所培养的专业人才;另一方面现行的国家农技组织及人员体系多是针对水稻、小麦等主粮作物来配备的,基层农技部门及技术人员无法为中药材种植提供科学指导。在中药加工和服务领域,由于企业规模小、竞争力弱,人才和科技资源短缺现象普遍存在,企业的重点实验室、工程技术研究中心等科技资源的数量匮乏,不仅缺少中药类的工程实验室、国家工程(技术)研究中心、企业技术中心以及平台,而且分布不均。

受制于专业人才和科技资源的约束,中药产业技术研发与创新能力不足,企业创新水平、技术的产业化程度均不高。基础研究滞后,中药企业科技投入小,技术推广与服务体系不健全,技术培训等缺少常态机制,技术创新能力难以得到保障。现代中药提取、分离和纯化,以及中药饮片、中药日化、中药保健品等中药资源的综合开发利用不够。

综上所述,中医药不能故步自封,需要充分利用现代科技来证明和完善自身,加强对不断变化的国际市场和国外技术及标准规范的跟踪研究,从中药材种植、生产、销售到非临床和临床试验等各环节与国际进行对接。另外,中医药自身独特的理论和方法体系,也不能完全照抄照搬西药的模式。当前,中药产业如何从传统生产方式和初加工向现代化、精细化方向发展转变,如何形成现代科学技术条件下的中医药发展路径,成为中医药发展面临的紧迫挑战。

3.4 专业市场型路径品牌效应评析

专业市场型路径的核心依赖于品牌价值所带来的市场效应,因而,在对中药产品品牌进行分类认知的基础上,借助 Aaker 品牌资产十要素模型,运用层次分析法对其现状进行评价,可以从中找到专业市场型路径的问题。

3.4.1 评价方法及数据处理

(1) 中药品牌分类

从中药品牌族谱上看,中药品牌主要包括中药产品品牌、中药企业品牌、中药区域品牌三大类。

中药产品品牌主要有四大类:一是历史老字号品牌,如九芝堂、同仁堂、胡庆余堂、广誉远等,以及华佗、仲景、孙真人等,这些品牌代表中医药传统文化特质,具有悠久的历史文化渊源。二是由知名中药产品商标衍化成的品牌,如千金、三金、片仔癀、颈复康、青春宝、金嗓子、云南白药等,这些品牌在公众中享有较高的知名度和美誉度,拥有很强的市场竞争力。三是以中医药人文关怀特质为表征的品牌,如天士力、仁和、修正、汇仁、太极、神威、益佰等,这类品牌蕴含了丰富的文化内涵,常与企业名称、企业文化、企业产品融为一体。四是以山、水、地名等自然特征命名的品牌,如白云山、扬子江、江中、东阿等,这些品牌具有浓郁的地域特色,将中医药元素与传统文化紧密结合。

中药企业品牌方面,在整个医药行业,中药产业产值占据1/3左右。可以看出中药企业的数量、规模、效益也相对不占优势,广州白云山、云南白药、华润三九、中国中药、山东步长制药、天士力、北京同仁堂、济川药业、漳州片仔癀、吉林敖东、天津中新、昆药集团、石家庄以岭药业等是我国中药行业的主要企业。

区域品牌是指在某个行政地理区域范围内一群企业经营者所用的公共标志,反映了某一特定区域的经济技术、地理资源、历史文化等诸多要素,是一个区域的象征和文化载体。中药区域品牌是一个地区中药产业集聚和产业成熟的标志,代表了具有相当规模和较强生产能力、较高市场占有率和影响力、带有很强地域特色的中药产品[207]。目前,我国很多省份都创建了自己的中药区域品牌,如浙江省的"浙八味"、河北省的"八大祁药"、甘肃省的"十大陇药"、河南省的"四大怀药"、四川省的"八大川药"、安徽省的"十大皖药"等,其在提升本省道地药材品种影响力的过程中,发挥了积极有效的作用。此外,还有一些已经获得农产品地理标志登记保护的中药区域品牌,如都峤山铁皮石斛、六盘山黄芪、岷县当归、亳菊、临川金银花、陇西白条党参、罗田天麻等品种。

(2) 中药品牌评价

品牌是超越产品或服务本身价值,为企业带来长期超额收益和持久竞争力的战略性资产。争创、使用、宣传品牌已成为各行各业的重要举措,同时,鉴于人们对品牌价值有不同的认知视角,也因此形成了各种品牌评价的模型和方法。

一般来说,通常有财务、市场和消费者三种视角。财务维度是揭示品牌获取溢价的能力以及品牌的总价值,是将品牌视为企业的无形资产进行评估,此时品牌的价值相当于企业商标权或企业商誉的价值。市场维度是将品牌视为企业或产品的市场竞争力。消费者维度主要反映消费者对品牌的认知、情感及其态度。

基于财务视角,评价指标通常从成本的角度进行构建,包括创建品牌的成本费用、溢价、附加现金流等。比如,考虑企业品牌价值购置或开发的全部原始成本,或者考虑品牌再开发的成本。

基于市场视角,评价指标通常从市场业绩、竞争力等角度进行构建,包括销售额、利润、市场占有率等指标。国际上著名的 Interbrand 法与 Financial World 法就是从市场业绩和市场竞争力来反映品牌价值的[208]。Interbrand 的品牌价值评估方法是:品牌价值 = 品牌收益 × 品牌强度系数,其中品牌强度包括品牌领导力、地域影响力、市场特征、品牌支持、品牌趋势、品牌稳定性、品牌保护 7 个方面。还有,Kemin 模型强调企业所拥有的技术创新能力和企业品牌市场表现,其衡量公式是:品牌价值 = f(每年市场销售额,专利数量,一般利率水平,时间因素)[209]。

基于消费者视角,评价指标通常从消费者与品牌关系的程度进行构建,包括消费者对品牌的认知、认同、态度、行为、购买意愿等。美国著名的品牌专家 David Aaker 教授从消费者角度构建了品牌价值衡量指标,主张通过产品及市场两个方面来衡量品牌资产,不仅关注了消费者,还考虑了市场绩效,包括忠诚性评估、品牌认知和领导性评估、品牌联想差异性评估、品牌认知度评估和市场状况评估五项指标,并且将其细分为十要素模型。此外,溢价法也是基于消费者维度的另一种品牌评价方法,其通过消费者选择某一品牌时愿意额外支付的价格来衡量[210]。

在具体评价中,首先要确定的就是评价指标的选择。考虑到中药产品的特殊性,其与个体的健康密切相关,因此,本书选择从消费者的视角构建中药品牌评价指标体系,利用著名的 Aaker 品牌资产十要素模型进行评价,如表 3.7 所示。

受中药产业发展水平的影响,中药行业领域的相关数据也尚未形成一致的统计标准,且不同渠道对中药产业数据的统计结果差异巨大,在某些具体内容方面难以真正做到量化,所以对中药品牌评价采取定性和定量相结合的层次分析法进行评价,利用层次分析法由专家对五项一级指标进行衡量,具体评价过程如下。

首先,构建成对比较矩阵。对品牌联想差异性、忠诚性、市场状况、品牌认知和领导性、品牌认知度进行两两比较,其重要性的判断标准如表 3.8 所示。

表 3.7　Aaker 品牌评价指标

评价指标	具体要素
忠诚性	价差效应
	满意度/忠诚度
品牌认知和领导性	感知质量
	领导性/受欢迎程度
品牌联想差异性	价值认识
	品牌个性
	企业联想
市场状况	市场占有率
	市场价格及渠道覆盖率

表 3.8　运用 AHP 比较各标准的重要性标度的含义

标度	含义
1	两个因素相比较,具有同等重要性
3	两个因素相比较,前者比后者稍重要
5	两个因素相比较,前者比后者明显重要
7	两个因素相比较,前者比后者强烈重要
9	两个因素相比较,前者比后者极端重要
2、4、6、8	表示上述相邻判断的中间值
倒数	若因素 i 与因素 j 的重要性之比为 a_{ij},那么因素 j 与因素 i 的重要性之比为 $a_{ji}=1/a_{ij}$

依据上述标准构建如下成对比较矩阵,见表 3.9。

表 3.9　成对比较矩阵

	品牌联想差异性	忠诚性	市场状况	品牌认知和领导性	品牌认知度
品牌联想差异性	1	3	5	5	5
忠诚性	1/3	1	4	4	5
市场状况	1/5	1/4	1	1/3	1/3
品牌认知和领导性	1/5	1/4	3	1	2
品牌认知度	1/5	1/5	3	1/2	1

以品牌联想差异性说明矩阵中数字的含义,品牌联想差异性与自己相比较时,是同等重要的,取值为1。品牌联想差异性与忠诚性相比较,考虑到中药产品具有较强的个性特色,其品牌往往与中药名称密切相关,因而品牌联想差异性较为突出,所以这里取值为3,表明品牌联想差异性比忠诚性稍微明显些。与市场状况、品牌认知和领导性、品牌认知度相比,则更为突出,确定取值为5。其余的取值结果以此类推。

其次,采用和法计算相对权重。

第一步,计算矩阵每列的和,见表3.10。

表 3.10 矩阵每列之和

	品牌联想差异性	忠诚性	市场状况	品牌认知和领导性	品牌认知度
品牌联想差异性	1	3	5	5	5
忠诚性	1/3	1	4	4	5
市场状况	1/5	1/4	1	1/3	1/3
品牌认知和领导性	1/5	1/4	3	1	2
品牌认知度	1/5	1/5	3	1/2	1
总和	1.933	4.700	16.000	10.833	13.333

第二步,将矩阵每一项都除以它所在列的总和,建立如下矩阵,见表3.11。

表 3.11 归一化后之矩阵

	品牌联想差异性	忠诚性	市场状况	品牌认知和领导性	品牌认知度
品牌联想差异性	0.517	0.638	0.313	0.462	0.375
忠诚性	0.172	0.213	0.250	0.369	0.375
市场状况	0.103	0.053	0.063	0.031	0.025
品牌认知和领导性	0.103	0.053	0.188	0.092	0.150
品牌认知度	0.103	0.043	0.188	0.046	0.075

第三步,计算每一行的平均值以确定相应责任的权重,如表3.12所示。

表 3.12 权重矩阵

	品牌联想差异性	忠诚性	市场状况	品牌认知和领导性	品牌认知度	权重
品牌联想差异性	0.517	0.638	0.313	0.462	0.517	0.461
忠诚性	0.172	0.213	0.250	0.369	0.172	0.276
市场状况	0.103	0.053	0.063	0.031	0.103	0.055
品牌认知和领导性	0.103	0.053	0.188	0.092	0.103	0.117
品牌认知度	0.103	0.043	0.188	0.046	0.103	0.091

再次,进行一致性检验。

第一步,将成对比较矩阵的第一列的每一项都乘以第一项责任标准的权重,将成对比较矩阵中第二列都乘以第二项责任标准的权重,以此类推,完成成对比较矩阵的竖列;然后进行加总,得到向量加权重。

$$
\begin{aligned}
& 0.461 \begin{bmatrix} 1 \\ 1/3 \\ 1/5 \\ 1/5 \\ 1/5 \end{bmatrix} + 0.276 \begin{bmatrix} 3 \\ 1 \\ 1/4 \\ 1/4 \\ 1/5 \end{bmatrix} + 0.055 \begin{bmatrix} 5 \\ 4 \\ 1 \\ 3 \\ 3 \end{bmatrix} + 0.117 \begin{bmatrix} 5 \\ 4 \\ 1/3 \\ 1 \\ 1/2 \end{bmatrix} + 0.091 \begin{bmatrix} 5 \\ 5 \\ 1/3 \\ 2 \\ 1 \end{bmatrix} \\
& = \begin{bmatrix} 0.461 \\ 0.154 \\ 0.092 \\ 0.092 \\ 0.092 \end{bmatrix} + \begin{bmatrix} 0.828 \\ 0.276 \\ 0.069 \\ 0.069 \\ 0.055 \end{bmatrix} + \begin{bmatrix} 0.275 \\ 0.220 \\ 0.055 \\ 0.165 \\ 0.165 \end{bmatrix} + \begin{bmatrix} 0.585 \\ 0.468 \\ 0.039 \\ 0.117 \\ 0.059 \end{bmatrix} + \begin{bmatrix} 0.455 \\ 0.455 \\ 0.030 \\ 0.182 \\ 0.091 \end{bmatrix} = \begin{bmatrix} 2.604 \\ 1.573 \\ 0.285 \\ 0.625 \\ 0.462 \end{bmatrix}
\end{aligned}
$$

(3.4.1)

第二步,将第一步得到的加权重向量除以每个责任标准的权重。

品牌联想差异性:$2.604 \div 0.461 = 5.649$;

忠诚性:$1.573 \div 0.276 = 5.699$;

市场状况:$0.285 \div 0.055 = 5.182$;

品牌认知和领导性:$0.625 \div 0.117 = 5.342$;

品牌认知度:$0.462 \div 0.095 = 4.863$。

第三步,计算第二步得到的值的平均值,此平均值可用 λ_{max} 表示。

$$\lambda_{max} = (5.649 + 5.699 + 5.182 + 5.342 + 4.863) \div 5 = 5.347$$

第四步,计算一致性指数 CI。

$$CI = (\lambda_{max} - n) \div (n-1)$$

其中 n 为比较项的个数,此时 $n=5$,则

$$CI = 0.347 \div 4 = 0.087$$

第五步,计算一致性指标 CR。

$CR = CI/RI$,其中 RI 为平均随机一致性指标,$n=5$ 时,$RI=1.12$,则一致性指标为

$$CR = 0.087 \div 1.12 = 0.078$$

计算所得的一致性指标是小于 0.10 的,可以得出结论,前面的成对比较一致性程度达到要求。

3.4.2 评价结果分析

由上文可知,首先,中药品牌联想差异性居于最突出的位置,反映出中药产品的鲜明特色;其次,中药品牌的忠诚度也相对较好,体现出中医药在疾病治疗和健康维护中所拥有的显著地位和作用。但是,受制于中药产品质量、创新等因素的影响,中药品牌的市场占有率在整个医药行业还不占优势,中药领域的企业很多均不注重品牌建设,不重视企业和产品形象,忽视品牌建设,导致中药品牌的市场状况、领导性和知名度存在不足,这成为制约中药产业发展的不利因素,主要表现在以下几个方面:

(1) 知名中药品牌数量稀少

受中药产业产品质量参差不齐、产业生产设备和工艺更新缓慢、研发和市场营销能力较弱等方面的影响,知名的中药品牌除了同仁堂、云南白药、天士力等几个老字号之外,整体数量偏少。加之缺乏持续的产品研发,难以为品牌注入新的活力,导致已有的品牌产品生命周期非常短。统计显示:在众多的中药产品中,拥有自身品牌、真正本地品牌的中药材、中药产品数量少,一般不到药材品种总数的 2% 和重点中药品种的 10%,其中名优品牌更少。

从地理标志产品上看,在国家市场监督管理总局登记保护的中药材地理标志,相对于庞大的中药资源库,占比还不到 2%;且尚未核准企业使用的中药材地理标志达 50%[211]。这表明我国的中药材地理标志的发展和应用明显不足,中药材品牌建设仍有待深入挖掘。

从中药"老字号"上看,有名的"老字号"如北京同仁堂、云南白药、东阿阿胶、杭州胡庆余堂等,在发展过程中依靠优质特色产品和良好的服务取得了骄人的业绩。然而,当前作为中药"老字号"核心竞争力所在的独有配方和炮制技艺,由于在保护方面面临着一些问题,存在着被窃取和流失的威胁,使得有些中药"老字号"品牌有走向衰落的迹象。

从现代中药衍生产品来看,中药化妆品是典型的代表。在高端护肤品牌方面,国内有一定知名度的中药化妆品品牌较少,主要是佰草集、百雀羚、相宜本

草、羽西等,这些品牌的产品均含有相应的一些中药成分,但其知名度低,大部分中药化妆品是一些小众品牌,而市场占有率高的品牌基本为国外品牌所占有,如法国的KIEHL'S、Fresh等。

(2) 中药行业缺乏系统的品牌管理

中药在品牌塑造上缺乏系统的谋划,未能在品牌形象、包装、宣传推广等方面进行系统的设计和应有的整合,品牌塑造较为单一。实践中也缺乏有计划的设计,品牌内涵不足,未能从中药特性、中医药传承、中医药文化等多维度深入地展示产品品牌的文化内涵及其情感效应,定位不清晰,品牌价值提升困难,品牌建设羸弱而分散,难以获得规模化的效益,造成消费者对中药产品的认知模糊甚至怀疑。

另外,很多中药企业在前期积极创建和推广品牌,但是后期往往缺乏持续地维护及宣传推广,不关心品牌建设,缺乏足够的知识产权保护意识,保护力度不够,导致丰富的中药资源和优势品牌为国外企业所利用,品牌经营和管理不善。例如,在国际推广中,因为不熟悉国外对植物药的农药残留和重金属标准,造成中药品牌在国际市场推广中屡屡受阻。在监管层面也受制于人员不足、标准不统一、数据无法溯源等质量监管体系的不健全、不完善,导致监管效率不高,难以有效保障产品质量,导致很多不法分子仿冒名优品牌或借名优品牌以次充好,对一些名优品牌形象带来严重损害,影响了中药品牌的知名度。

(3) 中药品牌缺乏广泛的影响力

品牌价值影响力最终还是落实在产品品质上,由于受到产业发展水平的影响,中药生产、加工方式较为落后,基础设施设备储备和使用能力不足,专业化程度不高,使得产品品质受到很大影响,质量也参差不齐,一些产品缺失严格的医学测试证据,安全存在隐患。同时,由于缺乏多方合力,中药产品研发和创新难以跟进,产品生命周期较短,无法通过产品的及时更新换代为品牌赋值和注入新的活力,结果导致品牌的没落,被收购或从市场上彻底消失。相关中药护肤品的调查显示[212],仅有11%的消费者对产品品牌认可和接受。中药品牌背后缺乏足够的实力支撑,导致在医药行业有足够影响力的品牌太少,缺乏强势品牌,区域内的品牌又往往陷入无序竞争的混乱局面,反映出受中药产业发展水平的制约,我国中药产品质量与消费者的真实需求还存在一定的差距。

3.5 融合型路径融合度评析

融合型路径的核心是中药产业链各环节之间以及与相关产业之间的关联

是否紧密的问题,通过融合度的测量,从中可以得出融合型路径的问题。

3.5.1 评价方法及数据处理

依据融合型路径的内涵,对中药产业融合度的评析,分为中药产业链各环节之间的融合评价以及中药产业与相关产业之间的融合评价。

(1) 中药产业链各环节之间的融合评价

实践中,中药产业是以中药材为基础的产业,中药饮片、中成药制造的原材料都来源于中药材,因此,反映中药产业链在中药农业、中药工业、中药商业、中药健康服务业各环节之间,融合也主要局限于基于原材料的关联,而中药材原材料的最终产出则是各种不同种类的中药产品,故这种关联可以通过产品的数量、类型、价值及研发状况等评价来揭示。利用中国医药保健品进出口商会网站提供的2010—2017年我国各中药产品出口额数据,来说明中药产业链各环节之间的融合状况,如图3.11所示。

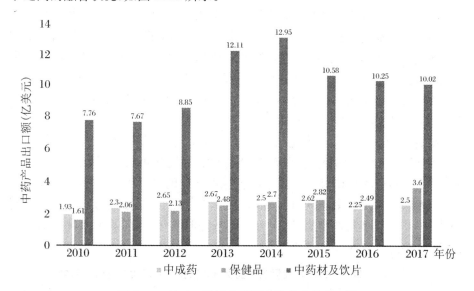

图 3.11 2010—2017 年我国各中药产品出口额

数据来源:中国医药保健品进出口商会网站。

图3.11所示的2010—2017年我国各中药产品出口额,揭示了我国中药产品的结构状况,即仍以中药材和饮片等传统产品为主。2010年,我国中药材及饮片出口额为7.76亿美元,占中药产品出口总额的比重达39.9%,到2017年出口额虽然走低,仅有10.02亿美元,但占比仍达27.53%。而2010—2014年,我国中药材及饮片的出口总额保持持续增长态势,且占比均达30%以上,2014年占比就达到了36.05%。

另一方面,反映中药产品融合创新能力及融合拓展能力的中成药和保健品的出口比重却较小,占我国中药产品出口总额的比重均低于10%。如中成药至2017年出口额仅为2.5亿美元,不仅增长缓慢,且在2011—2017年,出口额有增有减,难以保持持续增长态势。保健品同样如此,2010年的出口额为1.61亿美元,2017年也仅为3.60亿美元,只增加了一倍以上。相对于不断增加的中药产品出口总额,中成药和保健品的出口额处于弱势,表明我国中药产品品类少,中药产业链各环节之间的延伸和拓展能力较弱[213]。

(2) 中药产业与相关产业之间的融合评价

在测量产业融合度的方法上,目前主要有熵指数法、投入产出表法、赫芬达尔指数法、灰色关联系数法等。前三种方法对数据的要求较高,而受中药产业发展水平(低)、管理机制(多个部门管理)等方面的影响,中药产业的统计路径及标准尚不完善,相关的数据难以获取,在很大程度上更接近于一种灰色系统。因此,笔者采用灰色关联系数法对中药产业与外部相关产业的融合水平进行评价。

由于中药产业方面的数据并未纳入国家统计报告系统中,考虑数据采集的可获得性和可靠性,这里针对安徽省中药产业融合度进行测评,这是因为安徽省在中药产业发展上具有一定的代表性。安徽省拥有中药资源4115种,居华东地区首位,全国第六位,中药饮片产量占全国的三分之一,境内的亳州中药材专业市场是全国最大的药材交易市场,意味着安徽省在中药农业、中药工业、中药商业领域均具有一定的代表性。

结合目前学界及业界讨论较多的医体结合、中医药文化创意产业、国家及各地中医药健康旅游基地的评审和认定实践,利用灰色关联系数法对2013—2017年的安徽省中药产业与体育、文化、旅游产业的融合度进行衡量,各项数据均来自相应年度的安徽省统计年鉴,如表3.13所示。受数据可获取程度的制约,其中,中药产业选中中药材总产值(X_0);选取体育产值(X_1)、文化产业增加值(X_2)、旅游总收入(X_3)来衡量。

表3.13 2013—2017年安徽省中药材、体育、文化和旅游产业相关数据

单位:亿元

年份	X_1	X_2	X_3	X_0
2017	723.18	1088.3	6002.4	57.11
2016	465.82	976.31	4763.6	50.31
2015	366.19	833.71	3980.5	44.59
2014	154.96	970.0	3309.7	45.29
2013	127.66	844.9	2903.2	39.48

将表 3.13 数据初始化,如表 3.14 所示。

表 3.14 初始化

单位:亿元

年份	X_1	X_2	X_3	X_0
2017	1	1	1	1
2016	0.64	0.90	0.79	0.88
2015	0.51	0.77	0.66	0.78
2014	0.21	0.89	0.55	0.79
2013	0.18	0.78	0.48	0.69

计算出差值矩阵,如表 3.15 所示。

表 3.15 差值矩阵

单位:亿元

年份	X_1(亿元)	X_2(亿元)	X_3(亿元)
2017	0	0	0
2016	0.24	0.02	0.09
2015	0.27	0.01	0.12
2014	0.58	0.10	0.24
2013	0.51	0.09	0.21

找出两级最大差和最小差。$\Delta_{\min}=0$;$\Delta_{\max}=0.58$。

令分辨系数 $\zeta=0.5$,利用如下灰色关联度的计算公式,得出关联矩阵(表 3.16)。

$$\xi_i(k) = \frac{\Delta_{\min} + \zeta\Delta_{\max}}{|x_0(k) - x_i(k)| + \zeta\Delta_{\max}} \tag{3.4}$$

表 3.16 关联矩阵

ξ_{01}	ξ_{02}	ξ_{03}
1	1	1
0.55	0.94	0.76
0.52	0.97	0.71
0.33	0.74	0.55
0.36	0.76	0.58

依据关联矩阵(见表 3.16),计算出中药产业与体育产业、文化产业和旅游

产业的关联度,分别为

$$r_{01} = (1 + 0.55 + 0.52 + 0.33 + 0.36)/5 = 0.55$$
$$r_{02} = (1 + 0.94 + 0.97 + 0.74 + 0.76)/5 = 0.88 \qquad (3.5)$$
$$r_{03} = (1 + 0.76 + 0.71 + 0.55 + 0.58)/5 = 0.72$$

计算结果表明,中药产业与文化产业的融合度最好,其次是与旅游产业,而与体育产业的融合度不高。这与中药产业发展现状是相吻合的,中药本身就是博大精深的中医药文化的一部分,同时,因旅游产业发展较早,相对成熟,其与中药产业的融合也相对更为容易,我国众多的中医药健康旅游基地名单就充分揭示了这一点。遗憾的是,中药产业与体育产业以及其他产业的融合仍然需要进一步深入推进。

3.5.2 测算结果分析

基于上述评价,中药产业在融合型发展上,存在横向联合不紧密、纵向拓展不深入、转型升级比较缓慢等问题。

(1) 中药产业的横向联合不紧密

前述研究表明,中药产业链各环节彼此不仅相互独立,而且在地理距离上也相隔较远,产业链各环节之间的关联度不高。中药农业受制于自然生态条件的制约,其处于山区、林地和乡村地带,并且种植分散,因而与中药工业的联系不紧密,同时由于全国仅有17个许可经营的中药材市场,这也导致中药农业与中药商业的关联度同样较弱。对占据产业链环节重要地位的中药工业来说,多处于城市中的经济开发区或产业园,但中药工业企业规模普遍较小,实力也相对较弱,其原材料来源多是通过采购员去中药材市场购买获得,仅有少数中药材加工和制药企业实施后向一体化战略与中药农业融合发展。由此可知,中药产业各环节在实践中多处于相对独立的模块,横向联合不紧密。

(2) 产业的纵向拓展不深入

近些年来,中成药和保健品出口所占比重较小,占中药产品出口总额比重小于10%,出口额居于劣势地位。受制于中药品种繁多、不同品种规格标准差异巨大,以及企业创新水平和人力资源制约,很多中药企业局限于当前的业务领域,在传统产品挖掘、新产品研发等方面的拓展不够深入,反映在产品较为单一,产品的种类、剂型等均不够丰富,一大批适应市场需求的新产品和新业态没有得到有效开发,各类中药材相关衍生品开发不足,精深加工产品稀少,在产品类型上局限于药品,在剂型上也多局限于传统的膏、丸、散等。与中药相关的功能性食品、药膳、食品添加剂等中药保健品产业,中药日化产品、中药兽药、中药杀菌剂杀虫剂、中药饮料添加剂等中药延伸产业以及中医药与养老、旅游等融合形成的中药美容、旅游等养生文化产业发展缓慢,不仅难以满足市场的多样化需求,而且制约了中药产业的发展。

(3) 产业的转型升级较缓慢

我国中药产业在整个医药产业中的比例相对较低,产业发展也正处于成长期,中药企业在自我学习、创新、吸纳外部力量、利用环境提升自己能力方面均较弱,导致与其他行业在跨界组合以及与新技术的结合、应用、融入上存在着不足,产业转型升级缓慢,反映在产业发展上,体现为中医药健康服务业整体实力不强,未能充分利用丰富的中医药、生态旅游等优势资源发展具有自主知识产权的中药健康服务业。医养结合、中药与相关产业的融合趋势未能有效凸显,缺乏集医疗、康复、养老与旅游为一体的示范基地及服务综合体系建设,产业发展潜力尚未被深度开发和释放,与外部相关产业的关联不够紧密,中药产业的延伸和拓展能力不足。

3.6 全产业链型路径竞争力评析

全产业链型路径的核心是完整性、协调性所表现出来的竞争力,通过对其长度、丰度、宽度和关联度的评判,可以梳理得出全产业链型路径的问题所在。

3.6.1 评价方法及数据处理

由于中药产业链评价指标体系是一个多目标、多层次、多因素的复杂系统,且我国中药产业发展区域差异较大,产业链各环节的成熟度不一,相关数据统计标准也并不完全一致,因此,这里采用模糊综合评价法(Fuzzy Comprehensive Evaluation,FCE)对中药产业链的长度、宽度、丰度和关联度进行总体评判,能够较好地体现中药产业链的整体状况。

(1) 建立因素集

上述的中药产业链评价指标体系构成评价因素集 M_i,$M = (M_1, M_2, \cdots, M_m)$,其中 M 表示整体评价指标集,$M_i(i \in [1,n])$ 表示每个单项评价指标。

(2) 建立评价集

确立很满意、较满意、一般满意、不太满意与不满意五个等级的评价集 V,$V = (V_1, V_2, \cdots, V_m)$,其中 $V_i(i \in [1,n])$ 表示 M_i 的评价等级。

(3) 各指标综合评价

聘请10位行业专家进行打分,遵循专家咨询法的要求,通常由10~30人组成的专家小组就可以获得较满意的结果。本书立足实际情况,在笔者能力范围之内,在选取专家时,依据以下三项标准选定 10 位专家,保证了专家的权威性和代表性。三项标准为:卫健委、药监局等相关行政部门处级以上管理人员;中医药学术界拥有高级职称的专家及学者;中医院、中药企业等中医药行业中层以上管理人员。

在专家积极程度方面,通过两轮专家咨询,10 位专家对本书确定的中药产业链长度、宽度、丰度和关联度评析指标均为认可,发放问卷回收率 100%,表明专家的积极程度高。

在专家权威程度方面,通过由专家对问题的判断依据(Ca)和熟悉程度(Cs)的权威系数(Cr)来确定。$Cr=(Ca+Cs)/2$。通常认为 $Cr \geqslant 0.7$ 即认为研究结果可靠。判断依据(Ca)包括理论分析、实践经验、同行了解和个人直觉四个维度,并确定相应的大、中、小影响程度。熟悉程度(Cs)划分为非常熟悉、比较熟悉、一般熟悉、较不熟悉、不熟悉五级,分别赋值 1.0,0.8,0.6,0.4,0.2。经计算,两轮专家咨询中对于中药产业链长度、丰度、宽度和关联度的专家权威系数均值分别为 0.90,0.885,0.88 和 0.897,均大于 0.7,说明两轮的咨询均有较高的专家权威程度。

在专家协调程度方面,采用 Kendall 协调系数 W 对专家判断一致性进行检验,运用 SPSS 21.0 软件分析得出两轮专家问卷的 x^2 检验,其 P 值 $\leqslant 0.005$,表明专家对评判意见的协调程度较好。

根据所选定的 10 位专家的打分结果,分别计算出各项被评价指标的隶属度矩阵 R_1、R_2、R_3、R_4。

$$R_1 = \begin{bmatrix} 0 & 0 & 0.3 & 0.7 & 0 \\ 0 & 0 & 0.2 & 0.8 & 0 \\ 0 & 0 & 0.15 & 0.8 & 0.05 \\ 0 & 0.3 & 0.5 & 0.2 & 0 \end{bmatrix} \quad R_2 = \begin{bmatrix} 0 & 0 & 0 & 0.8 & 0.2 \\ 0 & 0 & 0.3 & 0.6 & 0.1 \\ 0 & 0.1 & 0.8 & 0.1 & 0 \\ 0 & 0 & 0.15 & 0.5 & 0.35 \end{bmatrix}$$

$$R_3 = \begin{bmatrix} 0 & 0 & 0.1 & 0.3 & 0.6 \\ 0 & 0 & 0.15 & 0.15 & 0.7 \\ 0 & 0 & 0.1 & 0.4 & 0.5 \\ 0 & 0 & 0 & 0.3 & 0.7 \end{bmatrix} \quad R_4 = \begin{bmatrix} 0 & 0.05 & 0.1 & 0.15 & 0.7 \\ 0 & 0 & 0 & 0.3 & 0.7 \\ 0 & 0 & 0.2 & 0.6 & 0.2 \\ 0 & 0.1 & 0.3 & 0.5 & 0.1 \end{bmatrix}$$

(3.6.1)

在求出各项被评价指标的隶属度之后,依然采用十位专家打分法和层次分析法求出各个矩阵的权重向量,结果如下:

$$W_1 = [0.28 \quad 0.21 \quad 0.26 \quad 0.25]$$
$$W_2 = [0.38 \quad 0.24 \quad 0.21 \quad 0.17]$$
$$W_3 = [0.28 \quad 0.28 \quad 0.2 \quad 0.24]$$

$$\boldsymbol{W}_4 = [0.31 \quad 0.22 \quad 0.21 \quad 0.26] \tag{3.6.2}$$

据此,可以得出中药产业链长度、丰度、宽度和关联度的综合评价向量,分别记作 A、B、C、D,结果如下:

$$\begin{aligned} A &= \boldsymbol{W}_1 * \boldsymbol{R}_1 = [0 \quad 0.075 \quad 0.29 \quad 0.622 \quad 0.013] \\ B &= \boldsymbol{W}_2 * \boldsymbol{R}_2 = [0 \quad 0.021 \quad 0.201 \quad 0.554 \quad 0.224] \\ C &= \boldsymbol{W}_3 * \boldsymbol{R}_3 = [0 \quad 0 \quad 0.09 \quad 0.278 \quad 0.632] \\ D &= \boldsymbol{W}_4 * \boldsymbol{R}_4 = [0 \quad 0.042 \quad 0.151 \quad 0.252 \quad 0.555] \end{aligned} \tag{3.6.3}$$

(4)产业链综合评价

计算出中药产业链长度、丰度、宽度和关联度的综合评价向量后,再由专家打分法和层次分析法得出产业链综合权重向量 $\boldsymbol{W}$。

$$\boldsymbol{W} = [0.226 \quad 0.233 \quad 0.263 \quad 0.278] \tag{3.6.4}$$

计算中药产业链综合评价矩阵:

$$\begin{aligned} \boldsymbol{U} &= \boldsymbol{W} \times \begin{bmatrix} A \\ B \\ C \\ D \end{bmatrix} \\ &= [0.226 \quad 0.233 \quad 0.263 \quad 0.278] \begin{bmatrix} 0 & 0.075 & 0.29 & 0.622 & 0.013 \\ 0 & 0.021 & 0.201 & 0.554 & 0.224 \\ 0 & 0 & 0.09 & 0.278 & 0.632 \\ 0 & 0.042 & 0.151 & 0.252 & 0.555 \end{bmatrix} \\ &= [0 \quad 0.034 \quad 0.178 \quad 0.413 \quad 0.375] \end{aligned} \tag{3.6.5}$$

根据最大隶属度原则,可以看出当前中药产业链状况不太理想,在产业链的长度、丰度、宽度及关联度的发展上均存在较为明显的不足,以下给出定性阐述。

3.6.2 测算结果分析

依据中药产业链的长度、丰度、宽度和关联度评价,可以得知,中药产业链延伸和拓展不足,较为松散且竞争力较弱,中药产业链尚不健全。

(1)产业链延伸和拓展不足

现有中药产业链的链条短且窄、链核少、延伸和拓展不足。无论是垂直的供需链,还是横向的协作链,都存在产业链过短的问题。现有中药产业链基本上还是属于资源从属型产业链,即资源要素在其中占据了主导地位,核心企业对资源的依赖性较强,第一产业属性的特征明显,产业链模式单一,技术和市场等要素在产业链中尚未发挥应有的作用,体现在工业化、信息化生产技术水平低,中药农业的劳动力投入多,生产成本高,药农的收益低;中药工业深加工水平低,现代化、智能化产品研发不够,缺乏多种类的高附加值的产品,例如,多以中药材原料及饮片为主是我国中药产品出口结构的典型特征,"与科技创新密切相关、产品附加值高的中成药和保健食品占比仅维持在7%~8%"[214];很多区域内,仅有中药材种植环节,缺乏中药加工和流通产业,造成产业链的断链,不利于中医药产业的规模化、集约化、高端化发展,进而影响到行业利润的积累,中药产业亟待组合成复合产业链。

(2) 产业链较为松散

一方面,中药产业是一个综合性和关联性很强的行业,但现有中药产业链较为松散,关键环节的断环多,跨行业、跨区域的延伸和融合不够,产业的关联度不高,产业链不够紧密。整个产业链上的参与实体企业少,核心企业更少,中药农业中多是分散的农户,其他环节也多是规模小、组织化程度低的企业,没有形成相应的集约化生产、集群化发展,产业链各环节缺乏关联性的整合,更多地还只停留在对原材料等初级产品的利用上,产业带动能力薄弱,对产业链乃至产业链系统的形成难以发挥至关重要的作用。

另一方面,产业链内部协作不够,经营实体尚未形成立体、动态、开放的网状结构,中药材种植与中药材加工、产品销售等环节相对割裂,各经营主体多单打独斗,企业之间的相互联系脱节,未能充分发挥优势互补的功能,产业链难以实现价值增值。产业链内部缺乏深度协作,经营主体相互之间各自为政,分工协调合作不足,产业链的上下游企业之间的物流、信息流联系不紧密,资源利用效率低下,甚至存在恶意竞争的情况,损害产业的发展,并且由此带来一系列问题,如中药生产制造与市场需求相脱节,市场需求信息难以有效传递到中药生产制造环节,尤其是中药材种植环节,导致药农盲目地种植,往往由于价格的波动而承担较大的市场风险;中药加工制造环节与市场需求脱节,导致产品类型单一,难以满足消费者的多元化、差异化需求。同时,区域产业链前后项联系不紧密,子产业之间在结构、规模上的配套性和关联性较差,影响资源要素在区域间的优化配置和合理流动,造成交易费用的增加和生产资源的浪费。

(3) 产业链竞争力较弱

中药产业虽然在中药材种植、中药产品生产、市场流通等方面具有一定的基础,但是规模偏小,并且在种质资源保护、生产组织方式、生产服务体系建设等方面存在诸多问题,企业呈现多、小、散、乱的局面,大多是个体种植、作坊式加工、路边贸易的一种封闭式、线性的情形,效益不高,市场规模超过10亿元的龙头企业较少,整个产业大而不强,产业带动能力较弱,效益不高,资源优势尚未转化为经济优势,面临先发地区和同类地区的激烈竞争。

中药产业结构不合理制约了产业竞争力的提高。中药内部各产业部门之间、与关联产业之间的比例关系不够协调,难以实现资源的最优配置。依据产业结构由第一产业占优势向第二产业和第三产业占优势方向发展、由劳动密集型产业占优势地位向资本密集型产业和技术知识密集型产业递进、由低附加价值产业向高附加价值产业方向演进的过程来看,中药产业还处在农业占优势的发展阶段,从价值链上来看,尚处于产业价值链的低端,即多处在中药材种植、买卖中药材原料的初始阶段,产业结构处于较低水平状态。中药材加工绝大部分还处于粗加工或粗放型经营阶段。中药工业、商业发展水平较弱,并且受制于中药产品品质和品种的制约,市场化程度与规范运作依然有待加强。

在产品领域,基本是中药材原料销售,中间品、制成品、新药产品等高附加值产品比例不高,拥有高附加值的中药提取物、中成药增长缓慢,相应的产品较为单一,在种类、剂型等方面创新不足,反映在国际市场中,中药产品出口额占国际天然药物销售额的比例较低。从而,难以形成良好的结构效益,需要借助需求、科技、竞争的力量来推动产业结构的优化。此外,中药产品的价格形成机制尚未完善,生产不平衡,价格波动大,产业发展仍然存在较大的市场风险。

针对这些问题,中药产业链亟须从延伸长度、增加丰度、拓展宽度、强化关联度方面进行优化和完善。延伸中药产业链长度的重点是发展中药大健康服务业;增加中药产业链丰度的重点是壮大中药产业链的规模和体量,健全和优化为中药产业提供各种服务的产业和组织,建立起完善的中药产业社会化服务体系,为中药产业发展提供科技、信息、人才等全方位的服务,提升中药产业的科研创新能力,疏通市场信息渠道,降低市场交易成本和流通费用,以增强中药产品的市场竞争力;拓展中药产业链宽度的重点是提升中药产业各环节的综合利用水平,中药种植环节应增加药食两用、药食同源药材的种植,中药工业生产环节应在初加工的基础上,提升深加工水平,提高精深加工比例,持续实现中药产品的价值增值,中药大健康服务业环节应不断加强中药与观光旅游、体育休闲、养生养老、文化教育等领域的深度融合,不断扩充中药产品的类型及功能;强化中药产业链关联度的重点是积极推进中药产业链各环节建立起紧密的关联,形成密切协作的关系,保持产业链的稳定性和安全性。

本章小结

本章依据中药产业链各环节,评析了中药产业发展现有路径,探讨了5种路径存在的问题,阐述了运营效率偏低、创新能力不足、品牌建设滞后、融合水平较低、产业链尚不健全等具体表现,进而对中药产业高质量发展优化路径的必要性,有了更全面、深入地认识。从而,为后续驱动因素分析及优化路径选择提供了研究依据。本章研究得到如下结论:① 资源型、加工型、专业市场型、融合型、全产业链型路径是当前中药产业的 5 种主要发展路径;② 通过数据包络分析(DEA)发现,资源型路径中存在中药农业专业化程度不足,中药农业各环节关联不紧密,技术应用水平低下,普遍处于传统的种植模式和生产组织方式,极大地限制了中药农业的产出效益;③ 通过专利分析(PA)发现,加工型路径中存在中药产业科技创新水平区域异质性、中药企业创新能力不足、企业竞争力较弱、人才与科技资源匮乏、创新网络与产业链有机协同不足等问题;④ 通过 Aaker 品牌模型分析发现,专业市场型路径中存在知名中药品牌数量少、品牌影响力不强、缺乏系统的品牌管理及品牌推广未受重视等问题;⑤ 通过融合度测量发现,融合型路径中存在中药产业横向联合不紧密、纵向拓展不深入、产业转型升级比较缓慢等问题;⑥ 通过模糊综合评价(FCE)发现,全产业链型路径中存在中药产业链延伸和拓展不足、产业链较松散及竞争力较弱等问题。研究可知,现有路径尚存在诸多问题,制约着中药产业的高质量发展。

第4章 中药产业高质量发展驱动因素及作用机理

在本章中,首先根据中药产业发展路径中存在的问题,基于钻石模型,对中药产业高质量发展的必要性和可行性进行分析;其次,针对问题寻求结果,制作调查问卷,利用扎根理论方法,对中药产业高质量发展的驱动因素进行识别和总体分析,对各驱动因素进行实证检验;再次,阐明各驱动因素对中药产业高质量发展的作用机理,进一步明晰各驱动因素促进中药产业高质量发展的过程,为第五章优化路径的选择与实施奠定研究基础。

4.1 基于钻石模型的中药产业高质量发展必要及可行性分析

美国哈佛商学院著名战略管理学家迈克尔·波特于1990年提出"钻石模型"[215],用于分析一个国家某个产业的竞争力。波特认为某个产业的竞争力是由生产要素、需求条件、相关产业和支持性产业的表现、企业的战略和结构以及竞争对手的表现四个因素决定的,这四个要素相互之间具有双向作用,从而形成钻石体系,如图4.1所示。此外,在四大要素之外,还存在两大变数:政府政策的影响与机会。

"钻石模型"为分析我国中药产业高质量发展的必要性和可行性提供了成熟的认知体系,阐述如下。

4.1.1 生产要素

生产要素是产业发展所依赖的资源,也是产业发展的前提条件。通常分为初级和高级两种,人力和自然资源禀赋属于初级生产要素,知识、资本、基础设施等被创造出来的资源属于高级生产要素。

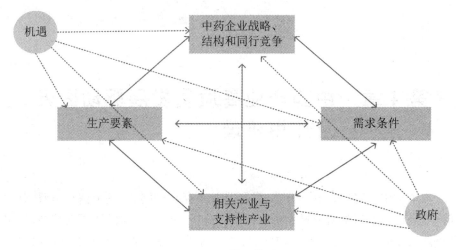

图 4.1　钻石模型

（1）丰富的中药资源亟须开发利用构成必然要求

我国国土面积辽阔,气候、地形多样,孕育了良好的自然生态环境,蕴藏着极为丰富的中药资源。缺憾的是,这些优质的中药资源并未得到有效的开发利用,在第 3 章评析中所反映出的资源利用效率不足、综合利用程度低、产品单一等,都源于资源开发利用水平的制约,迫切需要进一步加强中药产业基础设施建设、加大投入力度、发挥人力资本和自然资源的效用,满足民众对中医药健康服务的需求。

（2）丰富的中药资源基础提供了可行性条件

我国幅员辽阔,四季分明,气候呈现出明显的区域差异性,加之多样性的地形地貌和海拔高度,孕育了优越的生态条件和独特的自然环境,造就了境内非常丰富的自然资源,拥有众多的植物和珍稀野生动物物种,是世界上生物多样性较为丰富的国家之一。这种环境非常有利于中药材的植株生长和体内有效成分的不断积累,从而,形成中药材优良的内在品质,也为药用植物生长创造了良好的条件,孕育了种类繁多的中药材,形成了我国极为丰富的中药材资源,为中药农业、中药工业提供了良好的发展基础。另外,我国中医药历史悠久,文化底蕴深厚,中药材的种植、炮制、使用、经营有几千年历史,具有良好的中医药群众基础和浓郁的中医药文化氛围,这些历史文化资源也为发展中药产业、开拓中药养生旅游等健康服务业提供了良好的基础条件,中药产业已成为各地发展经济的特色优势产业,也诞生了众多的国家级生态县、全国基层中医药工作先进县和示范县。由此可见,丰富的中医药资源为中药产业高质量发展提供了可行性条件。

4.1.2 需求条件

迈克尔·波特十分强调需求在刺激和提高产业竞争优势中的作用,他认为需求是推进产业获取竞争优势的重要拉力。对于中药产业来说,需求构成中药产业高质量发展的必然诉求,并为中药产业高质量发展提供了市场保障。

(1) 高质量产品需求构成必然诉求

随着经济发展和人们生活水平的提高,人们越来越注重生活质量,注重身心健康,将自身的健康和发展放在了生活质量提升的中心位置,在消费观上也特别强调个性化、多样性、满意度,追求高品质的产品。而中药来源于自然,以其相对较小的毒副作用、标本兼治的优势,越来越受到人们的重视,较好地契合了人们对生活质量的追求。然而,目前中药材的农药、重金属残留问题以及中药饮片炮制不规范带来的品质疗效问题等都困扰着中药产业的发展。可知,高品质的中药产品成为中药产业高质量发展的必然诉求。

(2) 健康消费需求提供了市场可行性基础

伴随经济社会的发展,人们的世界观、消费观、医疗观等观念已经发生转变,健康管理带动着强劲的健康需求,为中药产业发展提供了广阔的市场和发展前景。同时,未来10年也是我国老龄社会和城镇化加速演进的时期,人均卫生费用支出会不断增加,健康产业的发展也必然为中药产业发展创造更大、更广的空间和市场,中药的社会需求必将呈现不断增长的态势,为中药产业高质量发展奠定了市场可行性基础。

4.1.3 相关产业和支持产业的表现

相关产业和支持产业的发展有助于形成关联行业集群,从而支撑主体行业获得竞争优势。中药产业发展现状中,相关产业弱小、分散,虽然为中药产业高质量发展提供了一定的可行性基础条件,但是也亟须发展壮大,以对中药产业高质量发展形成有效支撑,是中药产业迈向高质量发展的必然。

(1) 产业发展中的诸多问题构成必然要求

由基于产业链的问题评析可知,长期以来,在对待中药产业发展上,以量取胜的习惯性思维和受此影响所形成的发展模式掩盖了诸多问题。中药产业发展现状及问题诊断表明,中药产业链较短,中药产业的规模化、规范化、标准化程度不高,产业化发展水平较弱,集群化程度较低,中药产业结构在合理化、高级化、生态化、效益化及相互之间的协同方面仍然存在较为突出的问题,中药知识、技术产业发展不足,尚待优化升级,中药农业投入产出的综合效率总体水平较低,中药科技创新能力面临新技术的突破瓶颈,中药产品品牌建设滞后,以及中药产业融合水平较低等。这些问题均凸显出中药产业高质量发展的紧迫性和必要性。

(2) 产业发展现状是可行性的现实基础

我国很多地区拥有着丰富的中药资源,现代中药也被列为大力推动的战略性新兴产业重要发展领域之一,经过数千年的历史文化传承和积淀,在各项政策的引领和激励下,我国中药行业已经初步形成农、工、商、研相结合的产业链,中药产业化、市场化、规模化发展取得了一定的突破,产业结构调整初具成效,产品结构逐步优化,中药产业规范化、标准化生产取得明显进展,中药产业科技创新效应和产品品牌效应逐渐显现,这为中药产业高质量发展奠定了现实基础。

4.1.4 企业的战略和结构以及竞争对手的表现

竞争对手的压力会迫使企业降低成本、改进质量、寻求创新、努力提高生产与经营效率等,成为获取竞争优势的重要推力。而企业的战略和结构,则为产业高质量发展创造了一定的前提条件。

(1) 竞争对手的表现成为必然性的外部压力

竞争对手方面,世界医药产业发展的先进理念和技术,以及西药生产与质量检测等标准在世界范围内的认可和推行,给传统的中医药发展模式带来巨大冲击,国内市场面临着"洋中药"带来新的竞争压力。"洋中药"多是仿制我国古代经方而成的"汉方药",或者是从中药原料中提取有效成分制成一种"西药化"的天然草药制剂[216]。随着世界各国对中药疗效和优势认识的逐步深入,一些跨国公司也纷纷加入对中药和天然药物的研发、生产和销售当中,许多世界医药企业也都建立有专门的中草药研究中心,不遗余力地投入人力、物力和财力,加快对中药资源的研制和开发速度,并凭借其在提取加工技术、营销手段等方面的优势,积极抢占世界中药市场。

所谓的"洋中药"以其稳定的质量和明显的疗效,正大规模地向国内市场渗透,我国每年要从国外进口高达几十亿美元的"洋中药",且逐年呈上升趋势。另一方面,亚洲的日本、韩国以及欧美的德国、法国、美国等国家,以低价从我国购进中药原材料,经过其深加工后,再以更高价返销到我国,对我国中药产业形成了强大的冲击。部分国外企业还积极在国内投资兴业,与我国企业一起抢占国内中药市场,给我国国内的中药企业带来了巨大的竞争压力。同时,随着科技水平的不断提高,作为中药潜在替代品的生物药品得到空前发展,其必将挤占一部分中药市场份额,也给我国中药产业的发展带来不利影响。另外,中药在国际贸易领域又面临包括技术法规壁垒、技术标准壁垒、专利技术壁垒在内的技术壁垒以及绿色标志、绿色标准、绿色包装、绿色卫生检验检疫在内的绿色壁垒。这些给中药产业高质量发展提出了最为紧迫的必然性要求。

(2) 中药企业战略和结构

我国中药产业在发展过程中,各地也形成了一批产业化龙头企业,并将战略管理作为企业发展的重要手段。另外,在结构方面,中药产业链各环节也均有数量和实力不等的企业。例如,从企业数量上来看,中药饮片与中成药规模以上(2000万元以上)企业分别约为1000家、1600家。从营业收入来看,中成药企业的行业利润率高,但营业收入的成长性方面,中药饮片提速较快,近5年中药饮片收入复合增速高达18%,近20年中药饮片的规模增长了416倍,远高于我国GDP在40年里增长226倍的速度,在整个医药工业中一直处于领跑的地位。同样的趋势也反映在利润总额的成长性方面,中药饮片和中成药的营业收入成长性、利润总额成长性都位居医药类产品的前列。

当前,中药企业战略和结构,也同样为中药产业高质量发展提供了在激烈的市场竞争中继续保持优势可行性的关键因素,也为中药企业根据内部资源和实力以及外部环境变化来确定自身发展战略创造了前提条件。

4.1.5 政府政策

政府通过提供行业补贴、制定产品标准、建设公共设施、出台激励政策等手段,满足企业所需资源和影响消费需求,为产业高质量发展创造良好的环境基础。

(1) 国家宏观政策成为一系列必然性指引

政府在产业发展中发挥着重要作用,其通过制定各类产业发展规划和促进产业发展的政策,来引导、激励和加强产业发展。中医药作为我国独特的卫生资源、经济资源、科技资源、文化资源和生态资源,是我国医疗卫生保健行业的重要组成部分。因此,国家一贯高度重视中医药发展,相继制定和发布了一系列方针、政策、技术标准来扶持和引领,极大地推动了中药产业发展,成为中药产业高质量发展的必然性指引。

例如,早在1982年颁布实施的《中华人民共和国宪法》第二十一条中,就提出了"国家发展医药卫生事业,发展现代医药和我国传统医药"。2002年底,科技部等八部委联合颁布《中药现代化发展纲要(2002—2010)》,中药产业被列为"国家战略产业"写入其中。2007年3月21日,国务院16个部门又联合发布《中医药创新发展规划纲要(2006—2020)》,明确了中医药的战略地位。2016年2月26日,国务院印发《中医药发展战略规划纲要(2016—2030年)》,再次将中医药列为国家发展战略。自 2017 年 7 月 1 日起施行的《中华人民共和国中医药法》,从法律上明确了中医药的重要地位,指明了国家大力发展中医药的发展方针和扶持措施。并且,从国家基本药物制度上确保中药的地位,2018 版《国家基本药物目录》收载的中药品种达 268 种[217],占总数的近 40%,赋予了中医药重要地位和作用。

(2) 各地具体政策提供了支撑可行性

省域层面,各地也都在组织上给予了多重保障,包括中医药管理部门、药品监督部门、市场部门等都对中药产业不同领域和环节承担相应的管理责任。对于生产规模较大、已成长为县级主导产业的中药材,一些县级政府也成立了产业化工作领导小组或中药材产业发展局,统筹做好全县中药材产业发展的管理和指导服务工作。同时,各地还相应成立了中药材产业的县级协会和相关专业合作社,通过协会和合作社开展活动,促进成员间交流,及时沟通技术和信息,为成员提供生产技术指导和服务,并提供市场信息服务。围绕某一优势中药材品种,部分地区的企业已经发起成立产业联盟,共同制定以保护品牌、诚信经营、保证质量、协同创新、接受监督为主要内容的"产业联盟公约",相互承诺,共同遵守。

4.1.6 机会

重大科技发明、技术革新等会导致产业发展进程中断或突变,进而影响产业发展态势和走向。经济社会发展的客观要求,迫使企业具备快速反应能力,及时抓住各种机遇,将其转化为促进产业高质量发展的条件和动力,从而拥有可持续的竞争力。

(1) 经济社会发展的客观要求构成现实必然性

当前,我国经济开始由追求数量的高速增长阶段转向以质量为中心的发展阶段,国家出台一系列重大政策和措施,让高质量发展成为经济发展的新目标、新常态,高质量成为各行各业发展的必然趋势和要求。中药产业作为乡村脱贫致富和振兴发展的支柱产业之一,也是生命健康产业的重要组成,与健康中国建设、参与全球健康治理等紧密相关,自然也不例外,必须开启向高质量发展战略转型的新征程,这是推动中药产业提质增效、打造富民产业和特色优势产业、促进农民增收、巩固脱贫攻坚成果、完成乡村振兴、实现共同富裕战略行动历史使命的必然性选择。

(2) 经济社会发展提供的各种机遇创造可行性条件

另一方面,经济社会发展也给中药产业高质量发展创造了无限的机会。随着人们健康意识的不断增强、生活质量的不断提高和老龄化群体的快速增长,国内外对植物药和天然药物的需求持续扩大,全世界有高达40亿人在使用中草药治疗疾病,中药已经出口到世界上130多个国家和地区,多个国家将中药纳入国家的医疗保险体系,对促进中药消费有着积极的作用[218]。而随着我国人民生活水平提高以及社会保障的健全完善,人均医药费用支出将会持续增加,也为中药产业高质量发展提供广阔的市场空间和带来新的机遇,必定能够促成中药产业步入高质量发展的快车道。

4.2 基于扎根理论的中药产业高质量发展驱动因素识别

由前述研究可知,中药产业覆盖的领域广、关联的环节多,且相互之间并不是孤立的,而是存在紧密的因果关联,例如,作为原料来源的中药材种植,其属于农产品的属性,而对其加工所产生的饮片及中药新药制造又属于药品行业,因而,中药产业高质量发展受到多重因素的影响,产业价值增值也由以前单纯的增值点扩展到多维度组合而成的增值区域。本节通过扎根理论方法,寻找促进中药产业高质量发展的关键影响因素,构成驱动力量,将其视为驱动因素,并基于驱动因素构建优化路径,进而推动中药产业高质量发展。

社会学家Galsser和Strauss在1967年提出的扎根理论是从实地调研的问题入手,从对问题回答的内容当中提炼出概念和范畴,逐步引导、归纳上升到理论层面,进而不断地对理论进行修正,形成能够揭示和反映现象本质的理论[219]。作为一种质性研究方法,扎根理论方法遵循一系列严谨的系统化研究程序,螺旋式地建立概念、形成理论,研究过程可追溯、研究结果可检验。

扎根理论具体步骤包括资料收集、三层次编码、理论生成与检验三个阶段。首先,收集充足的相关资料,对收集到的资料进行开放性编码并获得充足的标签化数据;其次,依据相关理论和逻辑,对标签化数据进行主轴编码和选择性编码,在编码过程中持续不断地分析并补充数据,保证所获数据的多样性、严密性和充分性,直至达到理论饱和,从而建构基于经验事实的理论。这是一个不断地提问题、建分类、确立关联和发现理论的过程。

4.2.1 深度访谈

采用深度访谈的形式收集第一手资料,并通过聚焦会议和编码,对中药产业的影响因素进行分析。根据扎根理论方法,对研究样本的选取原则,利用理论和目的抽样方法,选取了共50位访谈对象,他们都是来源于中药产业相关各个领域的从业者,具有广泛的代表性,对影响中药产业发展的因素均有独到的认识。

(1) 访谈样本

深度访谈样本信息如表4.1所示。

表4.1 深度访谈样本信息

项目	类别	人数(人)	占比
性别	男	38	76%
	女	12	24%
职业	中药管理部门	3	6%
	中医药院校领导	3	6%
	中药科研院所研究员	5	10%
	中药行业协会管理者	3	6%
	中药企业高层管理者	36	72%
教育背景	研究生及以上	11	22%
	本科	16	32%
	专科及以下	23	46%

(2) 访谈内容

访谈从中药全产业链的视角展开,内容主题依据对中药产业问题分析的结论,重点从中药产业链、效率、品牌、创新、融合等角度进行,如表4.2所示。

表4.2 深度访谈内容主题

类别	主题
中药产业发展现状、问题与对策	1. 中药材种植面积、产量、产值情况。 2. 中药材种植基地建设情况(规模化、规范化、标准化和优质化情况)。 3. 中药农业科技与创新体系建设(包括中药材品种繁育、病虫害防治、栽培种植规范、科学加工、饮片标准、中药材质量检测与相关标准等),产学研合作情况。 4. 中药农业技术推广体系建设情况。 5. 中药专业合作组织和行业协会建设情况。 6. 中药流通和交易情况(流通市场发展、监管等)。 7. 中药产业化情况(包括龙头企业发展、相关产业发展等)。

续表

类别	主 题
中药产业发展现状、问题与对策	8. 中药工业的工业总产值、工业增加值、利润、利税等。 9. 中药人才队伍情况。 10. 中药产业科技支撑及平台建设。 11. 部门管理（职能划分与协调机制）与扶持政策。 12. 制约中药产业发展的突出问题。 13. 中药产业发展规划、目标和任务。 14. 中药产业链的延伸和拓展情况。 15. 中药产业的经营效率情况。 16. 中药产业的品牌建设情况。 17. 中药产业的科技水平及现代工艺的运用情况。 18. 中药产业高质量发展的影响因素
中药企业发展情况、困难及建议	1. 企业基本情况：包括产品、产值、销售、利润、利税、市场情况等。 2. 企业对本地发展中药产业整体环境的认知。要素条件、相关产业支持（配套能力）、市场需求、政策环境等。 3. 企业对未来中药产业的基本判断。包括消费者需求变化、市场规模与增长、产业升级趋势（产品与技术升级，未来行业关键技术和核心技术变化趋势）、产业升级的关键因素与制约因素。 4. 企业技术创新体系建设情况。包括产品创新、工艺创新、技术创新、协同创新情况（与上游企业合作、与同类企业合作、产学研合作情况）。 5. 企业技术创新障碍因素。目前在技术创新方面最薄弱的环节是什么？制约因素是什么？与行业领先技术的差距在哪里？ 6. 企业希望政府提供哪些帮助和支持。政策支持、资金支持、科技服务、创新平台建设、中介组织建设等

（3）数据收集

为了保证访谈质量，从被访者那里获得明确的针对性回答，在实际访谈过程中，还辅以书面调查、现场观察、会议聚焦等方法作为补充，访谈结束后再通过电话、邮件等方式对所需的信息进行补充。

在数据收集过程中，注重引导受访者阐述对中药产业发展现状及问题的自我理解、实现中药产业高质量发展的路径和举措、对中药产业发展中存在的典型事件的看法以及中药产业高质量发展的实现会受到哪些因素的制约和影响等，同时，从文献、企业官网、新闻报道、报纸等渠道收集相关的二手资料。最后，做好对数据信息的汇总、筛选和分析性控制，以及对理论的饱和状态进行验证。

4.2.2 编码

编码是扎根理论方法的第二个步骤,是对数据信息的范畴进行汇聚的过程,是从搜集数据到理论形成之间的关键环节。通过对深度访谈所收集到的数据进行整理、范畴化和主范畴界定,完成开放式编码、主轴编码和选择性编码分析,确定中药产业高质量发展的影响因素。

(1) 开放式编码

开放式编码是对深度访谈获取的数据信息逐字逐句比较和分析,对与研究主题相关的内容进行同步整理与编码,即贴标签。并将现象升级为概念,再对同义概念进行聚类,剔除无效概念,提取出初始概念,汇总聚类成为范畴,完成概念化和范畴化。

在本书开放式编码过程中,不断修改和校验出现的概念和范畴,反复比较其中的逻辑关系,最终得到的包括效概念有生态环境、滥采滥挖、掠夺性开发、中药资源保护、中药材质量、规范化种植、生产规程、技术标准、新药研发、集约化、炮制工艺、科技创新、人才资源、平台支撑、品牌拓展、地理标志、企业品牌、产品品牌、品牌价值、内部融合、外部融合、交叉融合、一体化发展、龙头企业、提升规模、集群化发展、基地建设、园区建设、辐射作用等。部分编码概念化举例分析如表4.3所示。

表4.3 部门编码概念化举例分析

部分访谈资料	概念化	范畴化
A1受访者:产品质量问题是整个中药产业持续发展的核心	以质量求生存、以质量谋发展	中药材质量
A2受访者:中药产业最关键是质量问题,质量上去了,才有市场,需做好标准及质量追溯体系建设	做好产品质量追溯;严格遵循生产技术规程和质量标准体系	生产规程 技术标准 规范化种植
A3受访者:中药是以植物资源为主要来源,所以对生态环境的依赖性强。很多野生药材被随意采挖和偷盗,已经不多了,必须建立强有力的保护机制	加大生态环境和中药资源保护力度;加强对野生中药材资源保护	生态环境 滥采滥挖 掠夺性开发
……	……	……
A48受访者:道地药材形成依赖不同的土壤、气候、地理条件,生态环境最为重要	建立生态环保制度及生态环境监测信息系统建设	生态环境保护 中药资源保护

续表

部分访谈资料	概念化	范畴化
A49受访者:技术的应用是解决一系列问题的主要因素,需提升科技保护手段	科技创新是推动产业发展的动力	科技创新 新药研发 人才资源
A50受访者:建设种植示范基地、发展工业园区,带动相关产业发展	促进基地、园区等集群化发展	提升规模 集群化发展
……	……	……

（2）主轴编码

主轴编码是分析和挖掘初始范畴之间的逻辑关系,这里按照相似、对等、差异、先后、过程、策略等关系进行提炼和归纳,将频繁出现的初始范畴作为类属,再将类属指向亚类属,进一步凝练和深化为更高一级的主范畴。

经过反复地分析比较,本书获取16个主范畴,分别为：生态化、规范化、标准化、集约化、平台化、技术化、全域化、层次化、系列化、市场化、内部化、外部化、一体化、组织化、规模化、集聚化。

（3）选择性编码

选择性编码是对主范畴之间所存在的联系做出进一步的处理,挖掘和整理出核心范畴,形成总体的分析结果,解释与研究主题相关的所有现象。

通过对16个主范畴的概括、总结、归纳,揭示出16个主范畴之间的隐藏关系、因果关系、层次关系,结合全产业链视角,得出选择性编码的结果,即绿色化、科技化、品牌化、融合化、专业化,如表4.4所示。

表4.4 基于扎根理论的中药产业发展驱动因素

核心范畴	主范畴	范畴内涵
绿色化	生态化	中药产业与资源、环境的协调和可持续发展
	规范化	遵循中药特点和产业发展规律
	标准化	符合生产和产品技术要求以确保质量
	集约化	集合生产要素优势以节约生产成本、提高效益
科技化	平台化	为科技创新搭建基础设施、系统和渠道
	技术化	用科学技术创新成果赋能产业发展
品牌化	全域化	将品牌建设覆盖到产业链各环节
	层次化	品牌的纵向拓展
	系列化	品牌的横向拓展
	市场化	品牌的维护和推广

续表

核心范畴	主范畴	范畴内涵
融合化	内部化	产业链各环节间的融合
	外部化	产业与外部技术、行业的融合
	一体化	产业与区域内各经济及社会元素的融合
专业化	组织化	产业内企业间的关联形态和市场关系
	规模化	产业在体量上的扩大态势
	集聚化	产业发展要素在空间上的累积和增长

(4) 理论饱和度检验

为确保研究信度,需要对理论饱和度进行检验。当无法从资料中进一步归纳出具有某一特征的范畴时,意味着理论趋于饱和。本书在对深度访谈资料进行编码的基础上,将从文献、企业官网、新闻报道、报纸等渠道收集的二手资料进行编码和分析,与已有数据进行对比,未发现新的范畴及相应的逻辑关系,表明分析结果在理论上是饱和的。

以文献调查数据对比为例,发现中药产业方面的研究均未离开本书扎根理论所揭示的范畴,如文献[45]提出的企业规模与生产集中程度、劳动生产率和产业技术水平及创新能力问题,分别属于"规模化""集约化""技术化"的范畴;文献[43,44,53]分析岭南中药产业国际化发展中的产业创新能力、从科技竞争力方面,剖析湖南省中药产业发展存在的问题以及分析我国中药企业普遍存在研发成果转化能力差、研发创新意愿不足等问题,均揭示了中药产业的"科技化"因素;文献[46]指出我国在中成药生产制造上的科技水平和研发能力上劣势明显,这与"平台化""技术化"范畴有关;文献[48]从我国中药国际市场份额、标准化生产能力、研发投入、国际专利水平等角度的论述则涵盖了中药产业"品牌化""标准化""科技化"等多个驱动因素;文献[66]认为中药产业链短、中药资源保护与利用不协调、中药质量有待加强等问题,反映的正是中药产业的"绿色化"发展范畴;文献[75,86,87,97,99]提出建立饮片全产业链质量标准体系、对中药产业相关团体标准发展现状和存在问题的论述、对制定中药饮片行业标准提出的相关建议以及提出建立中药国际化标准、中医药技术创新体系、专利等在内的诸多战略和措施,都表明"标准化""技术化"属于中药产业的重要力量;文献[90,91]从中药材种植和中药饮片炮制的规范化、生产工艺及质量控制等层面阐述中药现代化,则归属于"规范化""技术化"范畴;文献[102,103]测算中药产业集群发展效率等研究成果、提出中药产业如何由资源型产业集群向创新型中药产业集群转变的问题也与"集聚化"发展紧密相连。这些均表明分析结果通过理论饱和度检验。

4.2.3 结论

笔者通过运用扎根理论方法,对50位受访者就中药产业发展问题进行深度访谈、收集数据信息、编码,识别出的具体影响因素分别为:生态化、规范化、标准化、集约化、平台化、技术化、全域化、层次化、系列化、市场化、内部化、外部化、一体化、组织化、规模化和集聚化。

根据表4.4,通过三阶段编码筛选,得到中药产业发展的驱动因素,据此,最终确定绿色化、科技化、品牌化、融合化、专业化5个方面的核心范畴,表明这5个方面对中药产业高质量发展具有决定性的影响,如图4.2所示,其覆盖了中药全产业链的所有环节和产业运营过程。

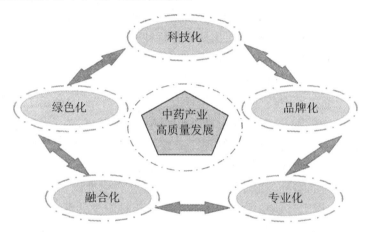

图 4.2 中药产业高质量发展驱动因素

4.2.4 文献支撑

笔者通过文献调查进一步验证由扎根理论方法得出的生态化、规范化、标准化、集约化、平台化、技术化、全域化、层次化、系列化、市场化、内部化、外部化、一体化、组织化、规模化和集聚化对产业发展的影响。

(1) 生态化、规范化、标准化、集约化对产业发展的影响

郭兰萍提出不用农药、化学合成的肥料及生长调节剂,做好产品的循环利用以减少废弃物输出,从而实现生态系统平衡和可持续发展的中药农业生态发展模式,指出中药生态农业具有产量及综合收益相关、病虫草害综合防治相关、药材品质提升相关、可持续发展相关的作用,在碳达峰和碳中和贡献率中具有显著的综合收益[220,221]。康传志从国家、生产者和消费者3个利益相关方角度,

分析了中药生态农业的发展优势和综合效益。在国家发展战略层面,中药材生态种植是实现农民增收,促进中药材产业高质量、可持续发展,防止耕地"非粮化",保障人民用药安全的关键。在生产方面,发现中药材生态农业在投入产出比、平均年收益和净收益等方面优势明显。从消费者角度看,生态种植的中药材有效成分含量高于常规种植,按照相同的服药剂量,患者可以更好地达到治疗效果[222]。同时,其指出绿色农业是新时代农业改革的方向,而中药生态农业则为优质绿色生态产品供给提供动能。因此,应大力发展道地药材生态化种植,推动中药材生态产品价值供给、质量兴农和中药农业绿色高质量发展[223]。贾悦[224]认为中药材生态种植是保障中医药健康发展的关键物质基础,应开展宣传教育、支持鼓励中药材生态化种植。杨利民[225]从生态位角度讨论了中药材生态种植的概念、内涵与实质;从生态结构、生态功能和生态关系等角度划分了中药材生态种植模式及类型;提出"基原决定药性,生态彰显药性"的观点,指出无公害、规范化、标准化和生态化是中药材种植业的四个发展阶段。徐颖[226]分析了中药炮制中规范化不足的问题,其严重制约了中药现代化发展进程,并从中药炮制工艺过程、原辅料、机械设备及符合中药饮片特点的质量标准四个方面提出了全面提升中药炮制规范化程度的对策。杨光[227]分析了中药材规范化种植(GAP)中的问题,提出应重新设计GAP认证制度,将GAP定位为中药材的优质标准进行规范、监督和管理。王鑫[228]认为中药标准化是实现中药现代化和国际化的重要战略,对于确保中药质量和中药独特疗效具有重要意义,强调应根据中药的特质,研究和建立符合其特点的标准以发挥中药的积极作用。余亦婷[229]指出产地初加工技术是影响中药材质量的源头因素,提出利用现代科技建立标准化、集约化的中药材采收加工技术,以生产出质量均一的高品质中药产品。

(2) 平台化、技术化对产业发展的影响

在中药产业领域,研究院、研究所、重点实验室、工程技术中心等科技创新平台在推动中药产业发展中发挥了积极作用。众多学者也对平台与产业发展的关系进行了研究。如崔艳天[230]研究认为平台化发展有助于资源共享、调整产业链各环节的协作关系从而重塑产业链、提升全要素生产率、推动产业供给侧结构性改革、实现跨界融合发展,是数字经济时代产业转型升级的重要途径。邵学清[231]认为平台可以解决中药产业的创新滞后、资源分散、合力不强等问题,并从区域、生态、产业等方面提出构建功能覆盖全国范围的中药产业创新支撑平台,聚集各类资源,解决制约我国中药产业发展中的问题。何大安[232]考察了互联网平台对产业结构转型的影响,发现互联网平台能够通过纠正资源错配和增强技术创新能力来推动产业结构转型,显著提升产业结构合理化与高级化水平,为实现经济高质量发展提供了路径。技术是影响产业发展的重要因素,梁凯桐[233]基于专利视角,构建区域中药产业共性关键技术——中药提取分离技术资源评价指标,运用熵值法进行评价,论述了中药产业共性关键技术对创新路径的影响及政策建议。谢荣军[234]指出数字技术是赋能传统中医药服务贸易转型升级、推动经济繁荣的重要动力,提出建立医药教学和科研一体化服务平台以及构建中医药服务贸易数字化产业链来推动中医药发展。李文军[235]应用LDA主题模型法,构建数字创意产业的创新综合指数与企业绩效、资产收益率之间关系的计量模型,发现数字创意企业的技术和创新绩效存在正相关关系,证明了技术对产业发展的影响。方湖柳[236]运用空间计量模型、中介效应模型等多种计量方法分析了数字技术对产业结构升级的影响,结果表明,数字技术可以有效推动产业结构升级、改善资源错配、推动企业创新,提供了产业结构升级和区域经济高质量发展的对策思路。

(3) 全域化、层次化、系列化、市场化对产业发展的影响

全域化、层次化、系列化、市场化主要是通过对品牌的作用进而对产业发展产生影响,在实际研究中,此四个方面在术语表达上与表4.4所确定的范畴内涵一致。如陈晓坚[237]通过对番禺旅游现状的调研,从服务设计的角度构建了番禺全域旅游品牌,论述了全域旅游品牌对推进番禺全域旅游文化推广与传播、提升番禺全域旅游服务品质的积极影响。刘力钢[238]以中朝边境宽甸满族自治县为例,采用大数据分析方法,研究发现游客对全域旅游品牌形象能够形成较为全面的感知,全域旅游品牌对提升县域全域旅游品牌形象有积极的促进作用。李俊玲[239]从区域品牌营销角度揭示了其提升消费者认可度及产业经济效益的作用,并针对白鹿原地区樱桃产业区域品牌营销体系构建进行了论述。杨佳利[240]的研究表明,产业集群品牌对消费者产品感知质量有显著的影响,为产业集群、品牌培育提供了理论依据。

(4) 内部化、外部化、一体化对产业发展的影响

内部化、外部化、一体化是产业融合的不同方式,通过融合对产业发展形成正向影响。梁益琳[241]利用系统动力学模型,阐释了信息化和工业化深度融合对产业结构调整的作用机理,研究表明,对产业结构合理化和高级化有显著促进作用,但实践中这种作用仍有很大提升空间,并给出了相应的建议。陈晓涛[242]研究认为产业生态化是产业发展的新模式和高级形态,是当代国际产业发展的新趋势,并论证了产业链技术融合可以通过提高资源配置和使用效率来推动产业生态化发展,进而实现产业可持续发展。韩立红[243]针对森林康养产业存在的问题,指出融合发展的路径,提出依托森林康养与教育培训业、养老业、健康休闲业的融合发展来促进森林康养产业结构升级。

(5) 组织化、规模化和集聚化对产业发展的影响。

张康洁[244]研究表明横向合作模式和纵向协作模式对稻农绿色生产采纳度

具有显著的正向作用,建议为推进绿色发展,应不断提升农户组织化程度以激励其加入紧密性强的产业组织。王雨濛[245]实证分析了茶农加入产业链组织对农药使用及安全生产行为有显著的影响,提出应引导农户积极加入产业链组织以规范农药使用行为和保障茶叶安全生产。曾龙[246]实证检验了土地规模化经营能够有效推动农村产业融合发展和农户参与农村产业融合发展行为,指出在政策目标上,土地规模化经营与农村产业融合发展具有协同性。朱纪广[247]分析了中国289个城市市辖区产业集聚情况,得出专业化和多样化集聚对邻近区域经济有空间外溢效应,论证了产业集聚对促进区域经济高质量增长具有积极的理论和实践意义。潘玲颖[248]对我国30个地区的新能源发电产业集聚水平与区域绿色经济效率之间的关系进行分析,实证检验了新能源发电产业集聚对本地区及邻近地区的绿色经济效率具有显著的正向影响。王染[249]认为行业的区域性集聚对对制造业全球价值链水平有正向影响,并指出选择产业的区域性集聚应是现阶段产业发展的重要策略。

现有研究表明,扎根理论方法得出的影响因子对产业发展均具有积极的影响,虽然研究证据体现在中医药行业的甚少,但是从产业发展来说,中药产业与其他产业具有共通性,因而,各影响因子对其他产业发展的正向影响也同样作用于中药产业发展,并弥补了现有中医药研究文献在此方面的缺失。

4.3 中药产业高质量发展驱动因素实证检验

依据我国中药产业发展现有路径及存在的问题,这里在前述研究的基础上,通过对部分中药企业、中医药高等院校、中医药管理机构进行问卷调查,对中药产业高质量发展驱动因素进行检验。

4.3.1 问卷设计

(1)调查内容的设计

根据第4.2节的分析,识别出驱动中药产业高质量发展的5大因素,并根据绿色化、科技化、品牌化、融合化及专业化内涵,确定评价体系框架。结合2010—2019年的《中国统计年鉴》《全国中医药统计摘编》和国家药品监督管理局历年检查公告、全国标准信息公共服务平台、全国地理标志农产品查询系统、国家知识产权局、中国产业经济信息网、天眼查、中医中药网、商务部数据中心、国家中医药管理局网站、民政部各年社会服务发展统计公报中的全国数据,按照全面性与精髓性相结合原则,构建了中药产业高质量发展评价指标体系,共有 5 个一级指标、16 个二级指标及 28 个三级指标,如表 4.5 所示。

表 4.5 中药产业高质量发展评价指标体系

目标层	一级指标	二级指标	三级指标	代码	单位	属性
中药产业高质量发展	绿色化	生态化	化肥使用量	X_1	万吨	负向
			农药使用量	X_2	万吨	负向
		规范化	中药材 GAP 认证企业数	X_3	个	正向
		标准化	国家或行业标准数	X_4	项	正向
		集约化	林地利用情况	X_5	万亩	正向
			农业机械投入	X_6	万千瓦	正向
	科技化	平台化	中医药科研机构数	X_7	个	正向
			科技人员数	X_8	人	正向
		技术化	专利授权数	X_9	件	正向
			科技论文数	X_{10}	篇	正向
	品牌化	全域化	区域公共品牌数	X_{11}	个	正向
		层次化	地理标志农产品数	X_{12}	个	正向
			中药品种数	X_{13}	个	正向
		系列化	中药商标数	X_{14}	个	正向
		市场化	主营业务收入	X_{15}	亿元	正向
	融合化	内部化	中成药销售收入	X_{16}	亿元	正向
		外部化	中药保健品市场规模	X_{17}	亿元	正向
			中药化妆品市场规模	X_{18}	亿元	正向
		一体化	中医药健康旅游市场规模	X_{19}	亿元	正向
			中医药健康养老机构数	X_{20}	个	正向
	专业化	组织化	中药材企业数	X_{21}	个	正向
			中药饮片企业数	X_{22}	个	正向
			中成药企业数	X_{23}	个	正向
		规模化	中药材种植面积	X_{24}	万亩	正向
			中药材产量	X_{25}	万吨	正向
			饮片产量	X_{26}	万吨	正向
			中成药产量	X_{27}	万吨	正向
		集聚化	国家中医药健康旅游示范基地数	X_{28}	个	正向

对部分衡量指标的选取说明如下:生态化指标由中药材种植过程中的化肥和农药使用量来衡量,这两个评价指标属性为负向;集约化指标可以通过林地利用情况和农业机械投入来反映,因避免中药材占用更多的耕地,国家鼓励开展药材林下种植,既有利于林地资源的综合利用,又有利于药材在仿野生环境

下所获得的质量保障,同时,机械化生产可以提升药材种植的效率,实现中药农业的集约化经营;品牌化方面,用具有整体特征、经官方遴选认定、省域层面的区域公共品牌代表全域化指标,用地理标志农产品、中药品种两个指标衡量品牌层次化因素。上述两个指标能够较好地揭示中药产业链各环节的品牌层次特征,其中,中药品种数选取 2010—2019 年国家药品监督管理局的药品审评报告中的数据,包括中药新药临床试验申请 IND、新药申请 NDA、仿制药 ANDA 申请审评通过批准的数量;系列化品牌评价则由反映某一产品延伸和拓展能力的中药商标数来确定;内部化主要体现在中药农业、中药工业之间的融合,因此,将中成药市场规模确定为具体的评价指标。

(2) 调研方案的实施

① 调研内容:中药产业高质量发展水平。

② 调研对象:为保证调查的可操作性和数据获取的方便性,本次调查选取安徽省内的中药企业、中医药高等院校和中医药管理机构,调查对象覆盖各组织的不同岗位人员,具体理由如下:

安徽省属于中部地区,经济发展水平介于东西部之间,作为具有典型地域性特征的中药产业来说,处于中部地区的中药产业发展状况能够很好地构建产业发展路径的一般模型,从而更利于东西部地区中药产业发展状况的比较和对照。同时,选取本地区有代表性的覆盖中药全产业链的龙头企业、中医药高等院校和管理机构,确保本次调查具备一定的广泛性和代表性。

③ 调研实施:调研过程中总共发放调查问卷 415 份,回收问卷 411 份,筛选出无效问卷,得到有效问卷 405 份。

4.3.2　调查分析

(1) 问卷基本信息分析

被调查者性别比例、被调查者年龄分布、被调查者职务比例、被调查者的满意度情况、各影响因素内容的描述性统计如表 4.6~表 4.10 所示。

表 4.6　被调查者性别比例

		频率	百分比	有效百分比	累积百分比
有效	女	123	30.4%	30.4%	30.4%
	男	282	69.6%	69.6%	100.0%
	合计	405	100.0%	100.0%	

第4章 中药产业高质量发展驱动因素及作用机理

表4.7 被调查者年龄分布

		频率	百分比	有效百分比	累积百分比
有效	35周岁以下	68	16.8%	16.8%	16.8%
	36至40周岁	31	7.7%	7.7%	24.4%
	41至45周岁	85	21.0%	21.0%	45.4%
	46至50周岁	197	48.6%	48.6%	94.1%
	50周岁以上	24	5.9%	5.9%	100.0%
	合计	405	100.0%	100.0%	

表4.8 被调查者职务比例

		频率	百分比	有效百分比	累积百分比
有效	基层员工	149	36.8%	36.8%	36.8%
	中层员工	123	30.4%	30.4%	67.2%
	高层员工	133	32.8%	32.8%	100.0%
	合计	405	100.0%	100.0%	

表4.9 被调查者的认可情况

		频率	百分比	有效百分比	累积百分比
有效	不认可	17	4.2%	4.2%	4.2%
	认可	45	11.1%	11.1%	15.3%
	非常认可	237	58.5%	58.5%	73.8%
	高度认可	106	26.2%	26.2%	100.0%
	合计	405	100.0%	100.0%	

表4.10 内容描述性统计

	样本量	最小值	最大值	平均值	标准偏差
生态化	405	4	5	4.86	0.343
规范化	405	3	5	4.42	0.590
标准化	405	3	5	4.07	0.679
集约化	405	4	5	4.61	0.487
平台化	405	3	5	4.10	0.710
技术化	405	3	5	4.14	0.720
全域化	405	2	5	3.49	0.927
层次化	405	2	5	3.39	0.775

续表

	样本量	最小值	最大值	平均值	标准偏差
系列化	405	2	5	3.41	0.714
市场化	405	2	5	3.11	0.586
内部化	405	2	5	3.43	0.674
外部化	405	3	5	4.44	0.567
一体化	405	3	5	4.00	0.366
组织化	405	3	5	3.98	0.388
规模化	405	3	5	3.72	0.600
集聚化	405	3	5	4.02	0.365

（2）信度分析

信度即可靠性,指测量结果的一致性或稳定性,反映测量工具能否稳定地测量所测的变量。

测定整体调查表和五个影响因素的 Cronbach α 系数,汇总得到如表 4.11 所示。从表 4.11 中可以看到各个维度的 α 系数都大于 0.8,而测量表的总体 Cronbach α 系数更是大于 0.9,表明问卷量表的内部一致性较好。

表 4.11 Cronbach α 系数

	总量表	绿色化	科技化	品牌化	融合化	专业化
Cronbach α 系数	0.969	0.863	0.985	0.943	0.85	0.84

（3）探索性因子分析

将问卷数据分为两个部分,对第一部分的数据进行 KMO 和 Bartlett 检验,在输出结果中,KMO 值为 0.903,大于 0.7,Bartlett 检验值 11549.362($df=120$),$P<0.001$,适合进行因子分析,如表 4.12 所示。

表 4.12 KMO 和 Bartlett 检验

取样足够度的 Kaiser-Meyer-Olkin 度量		0.903
Bartlett 的球形度检验	近似卡方	11549.362
	df	120
	Sig.	0.000

运用主成分分析法,进行最大方差法正交旋转处理,以检验问卷量表的建构效度。如表 4.12、表 4.13 和表 4.14 所示,方差累计解释达到了 81.166%,主因子解释占总变异 70.539%,大于 60%,且因子载荷大于 0.6,说明问卷量表的

建构效度良好。

表 4.13 解释的总方差

成分	初始特征值			提取平方和载入			旋转平方和载入		
	合计	方差	累积	合计	方差	累积	合计	方差	累积
1	11.286%	70.539%	70.539%	11.286%	70.539%	70.539%	7.819%	48.866%	48.866%
2	1.700%	10.626%	81.166%	1.700%	10.626%	81.166%	5.168%	32.300%	81.166%
3	0.924%	5.774%	86.939%						
4	0.703%	4.395%	91.334%						
5	0.502%	3.139%	94.474%						
6	0.222%	1.385%	95.859%						
7	0.148%	0.925%	96.784%						
8	0.128%	0.800%	97.584%						
9	0.104%	0.652%	98.236%						
10	0.064%	0.401%	98.637%						
11	0.053%	0.333%	98.970%						
12	0.051%	0.321%	99.291%						
13	0.043%	0.268%	99.559%						
14	0.031%	0.194%	99.753%						
15	0.022%	0.138%	99.891%						
16	0.017%	0.109%	100.000%						

表 4.14 成分矩阵

	成分 1	成分 2
生态化	0.642	0.025
规范化	0.864	−0.248
标准化	0.888	−0.218
集约化	0.744	−0.414
平台化	0.895	−0.278
技术化	0.897	−0.297
全域化	0.933	−0.151
层次化	0.912	0.049
系列化	0.862	0.002

	成分 1	成分 2
市场化	0.828	0.413
内部化	0.914	−0.003
外部化	0.846	−0.299
一体化	0.764	0.586
组织化	0.782	0.546
规模化	0.849	−0.094
集聚化	0.763	0.565

(4) 验证性因子分析

对第二份问卷数据进行验证性因子分析,包括结构效度、聚敛效度和区分效度。

① 结构效度。根据表 4.15 整体拟合系数运算结果,调查问卷的 NC 值为 1.279,在 1~3,$RMSEA$ 值为 0.028,小于 0.05,NFI、RFI、IFI、TLI 和 CFI 值均大于 0.9,接近于 1,各项数值均符合拟合指标标准,适配良好。因此,调查问卷适合进行验证性因子分析。

表 4.15 整体拟合系数

X^2/df	$RMSEA$	NFI	RFI	IFI	TLI	CFI
1.279	0.028	0.925	0.916	0.981	0.979	0.981

② 聚敛效度。由表 4.16 可知,绿色化、科技化、品牌化、融合化、专业化对应各个题项的因子载荷均大于 0.7,表明各维度对应题项的代表性程度较高。同时,各维度的 AVE 均大于 0.5,组合信度 CR 均大于 0.8,表明整个问卷量表有很好的聚敛效度。

表 4.16 因子载荷

路径		Estimate	AVE	CR
生态化	绿色化	0.705	0.6123	0.8626
规范化		0.837		
标准化		0.846		
集约化		0.732		
平台化	科技化	0.796	0.6234	0.768
技术化		0.783		

续表

路径		Estimate	AVE	CR
全域化		0.807		
层次化	品牌化	0.793	0.6101	0.8621
系列化		0.776		
市场化		0.747		
内部化		0.815		
外部化	融合化	0.736	0.5782	0.8039
一体化		0.727		
组织化		0.721		
规模化	专业化	0.762	0.5469	0.7835
集聚化		0.735		

③ 区分效度。由表4.17可知，绿色化、科技化、品牌化、融合化、专业化之间基本具有显著相关性P值小于0.01，各维度相关性系数均小于0.5，也均小于各自对应的AVE平方根，表明各维度之间具有一定的关联性及区分度，量表数据整体区分效度良好。

表4.17 区分效度

	绿色化	科技化	品牌化	融合化	专业化
绿色化	0.6123				
科技化	0.1334***	0.6234			
品牌化	0.0151***	0.0576	0.6101		
融合化	0.1721***	0.1365***	0.0673	0.5782	
专业化	0.2593***	0.1338***	0.2175***	0.1137***	0.5469
AVE平方根	0.7825	0.7901	0.7811	0.7604	0.7395

注：*** 代表P值小于0.01；对角线为AVE评价方差变异抽取量。

(5) 描述性统计分析

① 绿色化各题的频数分析。从表4.18可知，在绿色化调查中，生态化方面的调查结果显示，其对中药产业高质量发展具有极为重要的意义，405名接收调查者，350人认为生态化非常重要，占86.4%，55人认为重要，占总数的13.6%；在规范化方面，认为非常重要和重要的占94.8%，认为一般的占5.2%；在标准化方面，80.3%的被调查者认为重要和非常重要；在集约化方面，249人认为非常重要，156人认为重要。

表 4.18　绿色化各题的频数分析

		频率	百分比	有效百分比	累积百分比
生态化	非常重要	350	86.4%	86.4%	100%
	重要	55	13.6%	13.6%	13.6%
	一般	0	0%	0%	0%
	不重要	0	0%	0%	0%
	极不重要	0	0%	0%	0%
	合计	405	100%	100%	
规范化	非常重要	192	47.4%	47.4%	100%
	重要	192	47.4%	47.4%	52.6%
	一般	21	5.2%	5.2%	5.2%
	不重要	0	0%	0%	0%
	极不重要	0	0%	0%	0%
	合计	405	100%	100%	
标准化	非常重要	108	26.7%	26.7%	100%
	重要	217	53.6%	53.6%	73.3%
	一般	80	19.8%	19.8%	19.8%
	不重要	0	0%	0%	0%
	极不重要	0	0%	0%	0%
	合计	405	100%	100%	
集约化	非常重要	249	61.5%	61.5%	100%
	重要	156	38.5%	38.5%	38.5%
	一般	0	0%	0%	0%
	不重要	0	0%	0%	0%
	极不重要	0	0%	0%	0%
	合计	405	100%	100%	

② 科技化各题的频数分析。由表 4.19 所示的科技化调查表明，对平台化重要性的认同，有接近一半的人认为重要，达 48.6%，而认为其非常重要的也达到近三分之一的人数比例，这说明中药行业领域非常认可专利化的地位和作用。而对技术化来说，调查数据也给出了相同的回答，进一步印证了本书前面的论述，技术化是推动产业发展不可或缺的技术创新力量。

第4章 中药产业高质量发展驱动因素及作用机理

表4.19 科技化各题的频数分析

		频率	百分比	有效百分比	累积百分比
平台化	非常重要	125	30.9%	30.9%	100.0%
	重要	197	48.6%	48.6%	69.1%
	一般	83	20.5%	20.5%	20.5%
	不重要	0	0%	0%	0%
	极不重要	0	0%	0%	0%
	合计	405	100.0%	100.0%	
技术化	非常重要	136	33.6%	33.6%	100.0%
	重要	188	46.4%	46.4%	66.4%
	一般	81	20.0%	20.0%	20.0%
	不重要	0	0%	0%	0%
	极不重要	0	0%	0%	0%
	合计	405	100.0%	100.0%	

③ 品牌化各题的频数分析。在对品牌化的四个维度调查中(表4.20)，大部分被调查者认为处于一般重要性程度，四个维度依次占比分别为43.7%，61.0%，65.4%和77.0%，这表明当前对中药产业的品牌认知度不高，中药行业还没有能够将自身的品牌资源有效延伸到更为广阔的社会感知层面。另外全域化被认为是四个维度中最为重要的，有43.7%的人将其列为重要程度以上，表明目前中药产业品牌缺失较为严重，需要重视全域环节的设计。

表4.20 品牌化各题的频数分析

		频率	百分比	有效百分比	累积百分比
全域化	非常重要	72	17.8%	17.8%	100.0%
	重要	105	25.9%	25.9%	82.2%
	一般	177	43.7%	43.7%	56.3%
	不重要	51	12.6%	12.6%	12.6%
	极不重要	0	0%	0%	0%
	合计	405	100.0%	100.0%	
层次化	非常重要	49	12.1%	12.1%	100.0%
	重要	85	21.0%	21.0%	87.9%
	一般	247	61.0%	61.0%	66.9%
	不重要	24	5.9%	5.9%	5.9%
	极不重要	0	0%	0%	0%
	合计	405	100.0%	100.0%	

续表

		频率	百分比	有效百分比	累积百分比
系列化	非常重要	45	11.1%	11.1%	100.0%
	重要	86	21.2%	21.2%	88.9%
	一般	265	65.4%	65.4%	67.7%
	不重要	9	2.2%	2.2%	2.2%
	极不重要	0	0%	0%	0%
	合计	405	100.0%	100.0%	
市场化	非常重要	17	4.2%	4.2%	100.0%
	重要	44	10.9%	10.9%	95.8%
	一般	312	77.0%	77.0%	84.9%
	不重要	32	7.9%	7.9%	7.9%
	极不重要	0	0%	0%	0%
	合计	405	100.0%	100.0%	

④ 融合化各题的频数分析。融合化的调查结果显示(表4.21)，外部化和一体化被多数人认为重要，尤其是一体化占86.7%，反映出一体化应是中药产业发展的重要方向和趋势，也是当前中药产业发展的薄弱环节所在。

表4.21 融合化各题的频数分析

		频率	百分比	有效百分比	累积百分比
内部化	非常重要	26	6.4%	6.4%	100.0%
	重要	140	34.6%	34.6%	93.6%
	一般	223	55.1%	55.1%	59.0%
	不重要	16	4.0%	4.0%	4.0%
	极不重要	0	0%	0%	0%
	合计	405	100.0%	100.0%	
外部化	非常重要	194	47.9%	47.9%	100.0%
	重要	196	48.4%	48.4%	52.1%
	一般	15	3.7%	3.7%	3.7%
	不重要	0	0%	0%	0%
	极不重要	0	0%	0%	0%
	合计	405	100.0%	100.0%	

续表

		频率	百分比	有效百分比	累积百分比
一体化	非常重要	26	6.4%	6.4%	100.0%
	重要	351	86.7%	86.7%	93.6%
	一般	28	6.9%	6.9%	6.9%
	不重要	0	0%	0%	0%
	极不重要	0	0%	0%	0%
	合计	405	100.0%	100.0%	

⑤ 专业化各题的频数分析。在专业化调查当中(表4.22),组织化、规模化和集聚化得到广泛认可和支持,84.9%的被调查者认为组织化重要,而对于规模化和集聚化,重要程度也高达56.3%和86.7%。

表4.22 专业化各题的频数分析

		频率	百分比	有效百分比	累积百分比
组织化	非常重要	27	6.7%	6.7%	100.0%
	重要	344	84.9%	84.9%	93.3%
	一般	34	8.4%	8.4%	8.4%
	不重要	0	0%	0%	0%
	极不重要	0	0%	0%	0%
	合计	405	100.0%	100.0%	
规模化	非常重要	32	7.9%	7.9%	100.0%
	重要	228	56.3%	56.3%	92.1%
	一般	145	35.8%	35.8%	35.8%
	不重要	0	0%	0%	0%
	极不重要	0	0%	0%	0%
	合计	405	100.0%	100.0%	
集聚化	非常重要	31	7.7%	7.7%	100.0%
	重要	351	86.7%	86.7%	92.3%
	一般	23	5.7%	5.7%	5.7%
	不重要	0	0%	0%	0%
	极不重要	0	0%	0%	0%
	合计	405	100.0%	100.0%	

(6) 中药产业高质量发展水平评价

采用熵权 TOPSIS 法对中药产业高质量发展水平进行评价,首先,利用熵权法计算各指标权重;其次,用 TOPSIS 法测度中药产业高质量发展指数值。熵权 TOPSIS 法集合了二者优点,使得测算结果更加准确合理。

① 熵权法。在多指标综合评价中,确定指标权重的方法主要有主观赋权法、客观赋权法以及二者相结合的方法。主观赋权法是根据研究者的主观价值判断来确定各指标权重,如专家评判法、层次分析法等。客观赋权法是通过数学或统计方法直接将指标的数据处理后获得权数的方法,如主成分分析法、熵权法、因子分析法等。前文已使用层次分析法,这里采用客观赋权法——熵权法。

熵权法的基本原理是设有 m 个待评方案,n 项评价指标,形成原始指标数据矩阵 $X=(x_{ij})_{m\times n}$,对于某项指标 x_j,指标值 x_{ij} 的差距越大,那么该指标在综合评价中所起的作用越大;若某项指标的指标值全部相等,则意味着该指标在综合评价中无效。根据各项指标值的变异程度,利用信息熵作为工具,计算出各指标的权重,为多指标综合评价提供依据。

② TOPSIS 法。TOPSIS 法通过计算各项指标的正理想解和负理想解,确定各个评价对象与两解之间的欧氏距离,得出与最优方案的接近程度,作为评价优劣的标准。若评价对象最靠近正理想解同时又远离负理想解,则为最优方案,否则为最差方案。

③ 评价步骤。第一步,依据 2010—2019 年中药产业高质量发展评价指标体系,列出数据,如表 4.23 所示。

表 4.23　2010—2019 年中药产业高质量发展评价指标数据

指标	2010	2011	2012	2013	2014	2015	2016	2017	2018	2019
X_1	5562	5704	5839	5912	5996	6022	5984	5859	5653	5404
X_2	175.82	178.70	180.61	180.77	180.33	178.30	174.05	165.51	150.36	139.17
X_3	11	17	11	12	38	44	53	61	68	77
X_4	60	0	1	0	5	15	38	17	51	46
X_5	458850	458850	458850	468885	468885	468885	468885	468885	488865	488865
X_6	92781	97735	102559	103907	108056	111728	97246	98783	100372	102758
X_7	90	88	88	86	88	88	81	78	72	72
X_8	15106	15824	16875	17961	20806	21998	22628	23594	21974	21274
X_9	53	113	155	161	130	190	250	229	259	328
X_{10}	4480	5472	5973	6081	6024	6082	6662	6127	5729	5853

续表

指标	2010	2011	2012	2013	2014	2015	2016	2017	2018	2019
X_{11}	0	0	0	0	0	1	1	2	3	2
X_{12}	13	20	12	15	12	12	20	17	22	20
X_{13}	80	50	37	35	33	83	86	38	46	17
X_{14}	10	3	17	14	7	16	47	48	80	50
X_{15}	3425	4345	5201	6178	7005	7719	8462	8135	7279	7165
X_{16}	975	1428	1881	1895	2190	2424	2754	2996	3269	3567
X_{17}	268	340	419	521	602	675	744	815	890	975
X_{18}	116	138	157	183	225	254	300	262	398	500
X_{19}	47	63	85	113	147	203	269	336	402	555
X_{20}	39904	40868	44304	42475	94110	116000	140000	155000	168000	204000
X_{21}	2061	3662	5642	8089	9957	12146	14853	15950	17480	14204
X_{22}	101	137	128	179	221	357	411	458	341	265
X_{23}	50	62	53	84	78	155	272	280	293	261
X_{24}	1904	2079	2342	2783	2978	3066	3354	3243	3585	4055
X_{25}	323.3	305.5	315.6	332	352	363.8	400.2	424.3	446.6	450.5
X_{26}	176	204	235	270	315	335	350	389	380	380
X_{27}	215.74	259.48	313.04	310.6	328.77	350.35	374.6	383.61	259.01	282.36
X_{28}	0	0	0	0	0	0	0	15	73	0

第二步,数据标准化处理。运用极差法对评价指标作标准化处理,消除不同量纲及数量级的影响。

$$X_{ij} = \begin{cases} \dfrac{x_{ij} - \min(x_{ij})}{\max(x_{ij}) - \min(x_{ij})}, & i=1,2,\cdots,m, x_{ij} \text{为正向指标} \\ \dfrac{\max(x_{ij}) - x_{ij}}{\max(x_{ij}) - \min(x_{ij})}, & i=1,2,\cdots,m, x_{ij} \text{为负向指标} \end{cases} \quad (4.3.1)$$

式(4.3.1)中,i 为评价对象,j 为测度指标,X_{ij} 和 X_{ij} 分别表示原始和标准化后的测度指标值,经过标准化处理,所有的指标值都在[0,1]范围内。数据标准化处理结果如表 4.24 所示。

表 4.24 数据标准化处理结果

指标	2010	2011	2012	2013	2014	2015	2016	2017	2018	2019
X_1	0.7443	0.5146	0.2961	0.1780	0.0421	0	0.0615	0.2638	0.5971	1
X_2	0.1190	0.0498	0.0038	0	0.0106	0.0594	0.1615	0.3668	0.7310	1
X_3	0	0.0909	0	0.0151	0.4091	0.5	0.6364	0.7576	0.8636	1
X_4	1	0	0.0167	0	0.0833	0.25	0.6333	0.2833	0.85	0.7667
X_5	0	0	0	0.3343	0.3343	0.3343	0.3343	0.3343	1	1
X_6	0	0.2615	0.5161	0.5872	0.8062	1	0.2357	0.3168	0.4006	0.5266
X_7	1	0.8889	0.8889	0.7778	0.8889	0.8889	0.5	0.3333	0	0
X_8	0	0.0846	0.2084	0.3364	0.6715	0.8120	0.8862	1	0.8091	0.7267
X_9	0	0.2182	0.3709	0.3927	0.28	0.4982	0.7164	0.64	0.7491	1
X_{10}	0	0.4546	0.6842	0.7337	0.7076	0.7342	1	0.7548	0.5724	0.6292
X_{11}	0	0	0	0	0	0.3333	0.3333	0.6667	1	0.6667
X_{12}	0.1	0.8	0	0.3	0	0	0.8	0.5	1	0.8
X_{13}	0.9130	0.4783	0.2899	0.2609	0.2319	0.9565	1	0.3043	0.4203	0
X_{14}	0.0909	0	0.1948	0.1429	0.0519	0.1688	0.5844	0.5844	1	0.6104
X_{15}	0	0.1826	0.3526	0.5466	0.7107	0.8525	1	0.9351	0.7651	0.7425
X_{16}	0	0.1748	0.3495	0.3549	0.4688	0.5590	0.6863	0.7797	0.8850	1
X_{17}	0	0.1018	0.2136	0.3579	0.4724	0.5757	0.6733	0.7737	0.8798	1
X_{18}	0	0.0573	0.1068	0.1745	0.2839	0.3594	0.4792	0.3802	0.7344	1
X_{19}	0	0.0315	0.0748	0.1299	0.1969	0.3071	0.4370	0.5689	0.6988	1
X_{20}	0	0.0059	0.0268	0.0157	0.3303	0.4637	0.6100	0.7014	0.7806	1
X_{21}	0	0.1038	0.2322	0.3909	0.5121	0.6541	0.8296	0.9008	1	0.7875
X_{22}	0	0.1008	0.0756	0.2185	0.3361	0.7171	0.8683	1	0.6723	0.4594
X_{23}	0	0.0494	0.0123	0.1399	0.1152	0.4321	0.9136	0.9465	1	0.8683
X_{24}	0	0.0814	0.2036	0.4086	0.4993	0.5402	0.6741	0.6250	0.7815	1
X_{25}	0.1228	0	0.0697	0.1828	0.3207	0.4021	0.6531	0.8193	0.9731	1
X_{26}	0	0.1315	0.2770	0.4413	0.6526	0.7465	0.8169	1	0.9577	0.9577
X_{27}	0	0.2606	0.5796	0.5651	0.6733	0.8019	0.9463	1	0.2578	0.3969
X_{28}	0	0	0	0	0	0	0	0.2055	1	0

第三步,利用公式(4.3.2)、式(4.3.3)、式(4.3.4)分别计算数据标准化处理后的第 j 项指标占该样本所有指标的比重 P_{ij}、第 j 个指标的信息熵 e_j、信息

熵冗余度 g_j、第 j 个评价指标的权重 w_j。

$$p_{ij} = \frac{x_{ij}}{\sum_{i=1}^{m} x_{ij}} \tag{4.3.2}$$

$$e_j = -k \sum_{i=1}^{m} p_{ij} \ln p_{ij} \tag{4.3.3}$$

$$w_j = \frac{g_j}{\sum_{j=1}^{n} g_j} \tag{4.3.4}$$

第四步，根据数据标准化处理和 w_j 结果，构建加权矩阵 **R**：

$$\boldsymbol{R}_{ij} = P_{ij} \cdot w_j \tag{4.3.5}$$

第五步，根据表 4.25 加权矩阵 **R**，确定最优方案 Q_{j+} 和最劣方案 Q_{j-}，构成正理想值和负理想值：

$$\begin{aligned} Q_j^+ &= \{\max R_{i1}, \max R_{i2}, \cdots, \max R_{im}\} \\ Q_j^- &= \{\min R_{i1}, \min R_{i2}, \cdots, \min R_{im}\} \end{aligned} \tag{4.3.6}$$

表 4.25　加权矩阵 **R** 值

R	2010	2011	2012	2013	2014	2015	2016	2017	2018	2019
R_1	0.0067	0.0046	0.0026	0.0016	0.0004	0	0.0005	0.0024	0.0053	0.0089
R_2	0.0030	0.0013	0.0001	0	0.0003	0.0015	0.0041	0.0093	0.0186	0.0255
R_3	0.0009	0.0007	0	0.0001	0.0029	0.0036	0.0046	0.0054	0.0062	0.0071
R_4	0.0113	0	0.0002	0	0.0009	0.0028	0.0071	0.0032	0.0096	0.0086
R_5	0	0	0	0.0038	0.0038	0.0038	0.0038	0.0038	0.0113	0.0113
R_6	0	0.0010	0.0019	0.0022	0.0030	0.0037	0.0009	0.0012	0.0015	0.0020
R_7	0.0036	0.0032	0.0032	0.0029	0.0032	0.0032	0.0018	0.0012	0	0
R_8	0	0.0007	0.0018	0.0028	0.0057	0.0068	0.0075	0.0084	0.0068	0.0061
R_9	0	0.0008	0.0013	0.0014	0.0010	0.0017	0.0025	0.0022	0.0026	0.0035
R_{10}	0	0.0007	0.0011	0.0012	0.0012	0.0012	0.0016	0.0012	0.0009	0.0010
R_{11}	0	0	0	0	0	0	0.0071	0.0071	0.0143	0.0214	0.0143
R_{12}	0.0010	0.0077	0	0.0029	0	0	0.0077	0.0048	0.0096	0.0077
R_{13}	0.0040	0.0021	0.0013	0.0011	0.0010	0.0042	0.0044	0.0013	0.0018	0
R_{14}	0.0016	0	0.0034	0.0025	0.0009	0.0030	0.0103	0.0103	0.0176	0.0107
R_{15}	0	0.0005	0.0009	0.0014	0.0018	0.0022	0.0025	0.0024	0.0019	0.0019
R_{16}	0	0.0006	0.0012	0.0012	0.0015	0.0018	0.0023	0.0026	0.0029	0.0033

续表

R	2010	2011	2012	2013	2014	2015	2016	2017	2018	2019
R_{17}	0	0.0004	0.009	0.0015	0.0019	0.0024	0.0028	0.0032	0.0036	0.0041
R_{18}	0	0.0005	0.0009	0.0015	0.0024	0.0030	0.0040	0.0032	0.0061	0.0084
R_{19}	0	0.0003	0.0008	0.0013	0.0020	0.0032	0.0045	0.0059	0.0072	0.0103
R_{20}	0	0.0001	0.0003	0.0002	0.0035	0.0050	0.0065	0.0075	0.0084	0.0107
R_{21}	0	0.0004	0.0009	0.0015	0.0019	0.0024	0.0031	0.0034	0.0037	0.0029
R_{22}	0	0.0006	0.0005	0.0014	0.0021	0.0045	0.0054	0.0062	0.0042	0.0029
R_{23}	0	0.0005	0.0001	0.0013	0.0011	0.0040	0.0085	0.0088	0.0093	0.0080
R_{24}	0	0.0003	0.0009	0.0017	0.0021	0.0023	0.0029	0.0027	0.0033	0.0042
R_{25}	0.0008	0	0.0005	0.0012	0.0021	0.0026	0.0043	0.0053	0.0063	0.0065
R_{26}	0	0.0004	0.0009	0.0014	0.0020	0.0023	0.0025	0.0031	0.0030	0.0030
R_{27}	0	0.0009	0.0017	0.0017	0.0020	0.0024	0.0028	0.0030	0.0008	0.0012
R_{28}	0	0	0	0	0	0	0	0.0259	0.1261	0

第六步,确定各测度对象到最优方案和最劣方案之间的距离 D_{i+} 和 D_{i-}:

$$D_i^+ = \sqrt{\sum_{j=1}^{m}(Q_j^+ - R_{ij})^2}$$
$$D_i^- = \sqrt{\sum_{j=1}^{m}(Q_j^- - R_{ij})^2}$$

(4.3.7)

第七步,计算测度对象与理想方案之间的接近程度 C_i:

$$C_i = \frac{D_i^-}{D_i^+ + D_i^-}$$

(4.3.8)

表 4.26 中药产业高质量发展水平评价指标权重

一级指标	权重	得分	二级指标	权重	得分	三级指标	权重
绿色化	0.2859	4.543	生态化	0.354	4.86	化肥使用量	0.0330
						农药使用量	0.0637
			规范化	0.301	4.42	中药材 GAP 认证企业数	0.0306
			标准化	0.182	4.07	国家或行业标准数	0.0437
			集约化	0.163	4.61	林地利用情况	0.0414
						农业机械投入	0.0172

第4章 中药产业高质量发展驱动因素及作用机理

续表

一级指标	权重	得分	二级指标	权重	得分	三级指标	权重
科技化	0.2163	4.1182	平台化	0.545	4.1	中医药科研机构数	0.0221
						科技人员数	0.0466
			技术化	0.455	4.14	专利授权数	0.0168
						科技论文数	0.0103
品牌化	0.1831	3.3552	全域化	0.267	3.49	区域公共品牌数	0.0642
			层次化	0.254	3.39	地理标志农产品数	0.0413
						中药品种数	0.0214
			系列化	0.242	3.41	中药商标数	0.0602
			市场化	0.237	3.11	主营业务收入	0.0155
融合化	0.1613	3.9427	内部化	0.356	3.43	中成药销售收入	0.0173
			外部化	0.331	4.44	中药保健品市场规模	0.0207
						中药化妆品市场规模	0.0299
			一体化	0.313	4	中医药健康旅游市场规模	0.0356
						中医药健康养老机构数	0.0421
专业化	0.1534	3.9054	组织化	0.346	3.98	中药材企业数	0.0202
						中药饮片企业数	0.0276
						中成药企业数	0.0414
			规模化	0.336	3.72	中药材种植面积	0.0204
						中药材产量	0.0296
						饮片产量	0.0185
						中成药产量	0.0165
			集聚化	0.318	4.02	国家中医药健康旅游示范基地数	0.1520

第八步,根据熵权 TOPSIS 法确定的权重与各项问题的平均得分(表4.26),对各影响因素的得分进行综合,得到如表4.27所示的结果。

表 4.27　各影响因素的得分

一级指标	得分	二级指标	得分
绿色化	4.543	生态化	4.86
		规范化	4.42
		标准化	4.07
		集约化	4.61
科技化	4.1182	平台化	4.1
		技术化	4.14
品牌化	3.3552	全域化	3.49
		层次化	3.39
		系列化	3.41
		市场化	3.11
融合化	3.9427	内部化	3.43
		外部化	4.44
		一体化	4
专业化	3.9054	组织化	3.98
		规模化	3.72
		集聚化	4.02

4.3.3　结果说明

从问卷调查及其分析中,我们可以得出如下一些结论:

其一,这里确立的中药产业高质量发展驱动因素为人们所认同,反映出中药产业发展所涉及的内容是多方面的,面临的任务是多变和纷繁复杂的,再次验证了本书研究的意义所在。

其二,表 4.27 中各影响因素的得分结果表明,在中药产业高质量发展的五大驱动因素当中,其重要性程度依次为绿色化、科技化、融合化、专业化和品牌化,这揭示出绿色化是中药产业发展的首要问题,其伴随中药全产业链全生命周期的每个阶段,对中药产业发展的影响力是整体的、持久的。从排序的角度来看,绿色化和科技化是最为主要的,中药产业应该高度重视质量问题和科技创新问题,并且在资源配置上予以高度倾斜。而由科技化所催生的技术力量,是推动中药产业持续进步的决定性力量,这已为人类社会的数次产业科技革命所充分地证明。其次是融合化,融合化又是当前推进中药产业链整合、拓展中药产业发展空间、构建新业态及新模式最可行的方向,这与当前产业发展趋势是相适应的,需要各类市场主体积极开拓中药产业发展的新领域、新业态和新模式。同时,专业化和品牌化也是进一步强化中药产业链运转效率、提升中药全产业链价值水平的重要因素。

其三,经过计算,Ci 在 2010—2019 年十年间的值分别为 0.201,0.2178,0.2141,0.4005,0.3509,0.4237,0.4215,0.2379,0.1766,0.2909,各年均未接近于 1 的水平,其中 2015 年是最高值,达 0.4215;最低的是 2018 年,为 0.1766;均值也仅为 0.2944。这表明我国中药产业高质量发展水平不高,而且不稳定,起伏波动较大,有三个典型的阶段特征:阶段一是 2010—2012 年的发展水平近似,Ci 值均在 0.2 以上;阶段二是 2013—2016 年,有较大幅度的增长;阶段三是 2017—2019 年,下降幅度明显。阶段特征揭示了我国中药产业高质量发展受国家政策的影响较大,在阶段二所处的 4 年间,国家出台了众多的鼓励、扶持中药产业,尤其是中药材产业发展的政策,诸多支持中药材绿色发展的政策均在此期间颁布实施。但是,总体上,我国中药产业离高质量发展依然存在不小的差距,迫切需要建立起符合中药自身规律、可持续的产业发展路径。

其四,中药产业在发展实践中,可以将各项驱动因素进一步分解。本书所确立的五大驱动因素的具体内容也从问卷调查中得到证实,绿色化包括生态化、规范化、标准化和集约化;科技化包含平台化和技术化;品牌化涵盖全域化、层次化、系列化和市场化;融合化有内部化、外部化和一体化;专业化则有组织化、规模化和集聚化三个方面。中药产业可以借此来进一步规划实施路径,做出相应的制度设计,并且依据被访者对各项分解内容所赋予重要性程度的不同,选择重点建设内容或形成相应的突破口。

4.4 中药产业高质量发展驱动因素作用机理

绿色化、科技化、品牌化、融合化、专业化五大驱动因素,作用于中药产业的生产规程、运营模式及效率、产品和服务等诸多领域,与中药产业链的各环节紧密相连,且各因素之间也互为关联、互为影响,并共同作用于中药产业链,共同推进中药产业高质量发展。

4.4.1 单驱动因素作用机理

(1) 绿色化驱动中药产业品质提升

绿色化是指围绕中药全产业链一系列环节的低碳环保运作。中药绿色化是指产自于优良的生态环境,按照绿色标准进行生产,实行全过程质量控制,拥有绿色标志的安全、优质产品,实现产业发展和生态、经济、社会效益的共赢。

绿色化影响产品质量,进而影响产业发展。目前,中药产业所产生的诸多质量问题,都与绿色发展理念和绿色生态建设的缺失密切相关,中药产业在发展的同时,产业质量并没有实现与之同步的增长。中药发展一直受到质量和安全性问题的困扰,主要表现为:资源消耗过快,化肥、农药的无节制使用造成生态破坏,难以修复;在种植环节,不注重生态环境和种质资源库建设,不遵守生产技术规程,中药材农药残留和重金属含量超标问题日益严重[250,251],一味追求产量和速度,导致中药材药效成分不足;在加工环节,忽视药渣等物质与种植环节相对接的再利用,中药材生产与加工过程中产生的废气、废水、废渣,未能有效循环利用,造成环境污染;在销售环节,不注重药材产品的特殊性,在储存、包装、运输等环节也同样出现诸多质量问题,导致药材的性状、成分等发生改变,进而影响临床疗效。

而今,发展的重心正朝着向提升供给体系的质量和效率迈进,追求"质量红利"的"质量时代"已取代"数量时代"和"速度时代",成为我国经济增长的核心动力之一。其根本是绿色化发展,将环境资源作为发展的内在要素,将质量、生态化作为发展的主要内容,将经济、社会、环境的协调和可持续发展作为发展的根本目标。对中药产业来说,就是将绿色化发展融入中药全产业链的各个环节,切实保护生态环境,实现真正的绿色种植、绿色生产、绿色制造、绿色消费,以全产业链生产过程为中心,以全面提升质量发展水平和质量能力为目标,落实质量理念、提高质量效益,始终将产品质量作为产业发展与市场开拓的核心,以质量求生存、以质量谋发展。打造高品质的产品线,保证优质中药资源的可持续开发、生态环境与中药产业的协调发展,保障中药产业获取持续的竞争优势和良好的发展态势。

(2) 科技化驱动中药产业创新能力提升

科技化是充分发挥科技在产业发展中的支撑与引领作用,其通过不同的创新主体,对产业及其技术研发等多方面的投入,形成更多的专利成果,应用于产业技术改造、产品创新等来推动产业发展。

科技研发能力是影响现代中药产业发展最为核心的因素,当前中药产业科技创新能力较弱,技术发明及创造还存在诸多的阻力。如中药的有效成分还没有完全明确[252,253],中药制药工艺较为落后,存在"产品批次间一致性较差、药效物质'控制窗'过宽、有害杂质限量管理薄弱、制药过程风险管控缺失"[254]等,给中药产品的生产、使用带来风险。

因此,注重中药产业的科技化驱动因素,加大技术创新,开展技术的研究和推广工作,并在制约和困扰中药产业发展的核心质量问题上,创造出新的技术和方法,以此促进中药产业快速发展,势必显得极为迫切和需要。这其中,承担科技创新任务的主体最为关键。不同于产业链环节以市场经营主体为主,科技创新系统中的中药企业、高等院校、科研机构等都是科技创新主体。每个科技创新主体都有其特定的角色和作用[255](表4.28),应通过知识创新活动将相关的政、产、学、研、用等创新主体连接起来,构成科技创新网络。发挥科技创新网络的促进创新主体协作和创新活动涌现的功能,有效保证中药产业的科技创新活动与产业链的创新需求相吻合,加速科技创新成果的产业化应用速度,提升中药产业的科技化水平。一方面,有利于解决困扰中药产业发展过程中的生产技术、加工工艺、新药研制和产品创新等需求;另一方面,也有利于提升品牌的科技含量,并促成新产业、新业态和新模式的诞生。

表 4.28 科技创新主体和组织的功能

创新主体	主要功能	行业分工	创新组织
政府行业主管部门	创新管理、组织引导	管理者	政府、行业协会
药农及中药企业	技术应用推广	使用者	药农、企业、中介机构
生产经营机构	繁殖、生产、销售	转化者	投资机构、企业、代理商
技术研发机构	技术研究开发	创造者	大学、研究院所、企业、投资机构等
技术传播机构	技术市场信息传播	传播者	大学、研究院所、企业、投资及中介机构
技术推广机构	技术示范培训指导	推广者	企业、推广机构、中介机构

(3) 品牌化驱动中药产业市场价值提升

著名营销学大师 Philip Kotler 认为:"品牌是一个名字、称谓、符号或设计,或是这些的总和,品牌的目的是使自己的产品或服务区别于其他竞争者的。"

品牌化就是将中药生产和市场联系起来,通过品牌个性、定位、传播、销售、管理等策略的运用,把产品的资源优势转变为市场优势。

品牌化是现代营销活动的重要手段,已成为企业开辟市场、提高和维护产品竞争能力、获得良好可持续的经济效益的重要工具。对于中药产业发展来说,品牌也是一种浓缩并代表特定中药产品信息的无形资产,因而,走品牌化道路已成为提高中药产业竞争力、推动中药产业现代化和国际化发展的必然选择。实践中应着眼于中药产业链，积极打造中药区域品牌、企业品牌和产品品牌，从多个方面推动中药品牌化，提升中药品牌价值，做好中药品牌的设计、维护、优化和推广，培育一批有较大规模、较广市场覆盖面、较强竞争力的世界名优品牌。在更深层次上，提升中药企业形象，培育品牌资产，以在市场竞争中赢得持久优势。

(4) 融合化驱动中药产业竞争力提升

随着社会分工的深化和技术的发展，科技竞争压力和资源环境约束日趋突出，行业之间的交叉、渗透日益普遍，各行业的边界也变得模糊，产业结构也相应发生变化，催生了新的业态，形成了业态融合，其突破了传统行业的产业结构、运作模式和发展方式，形成新的经济增长点[256]。

融合化是指不同产业在并存、联动、协同发展的基础上和技术力量的推动下，通过渗透、延伸、交叉、体制机制的创新等多种方式，将技术、资金、人力及其他资源进行集约化配置、整合，形成互构并最终融为一体，使得产业内部组成部门或产业之间形成更加紧密的联系，彼此的界限也越来越模糊，进而形成新产业的动态发展过程[257]。

伴随技术创新、跨产业并购、战略联盟组建等因素的相互作用，产业融合化发展已成为经济发展的重要趋势。中药产业所具有的极强关联性、吸纳性特征，也为其融合化发展提供了充分的条件。融合化发展是中药产业开拓新的产业空间、做大做强、提高市场竞争力的必然路径，因此采取积极措施，因势利导，产业经营主体实行分工与协作，发挥中药产业的关联性优势，主动融入健康产业的发展中，发挥产业结构的互补性、产业发展方向的同一性，推动产业的整合与重组，推进与其他相关产业的合作，促进各种要素的转化、渗透、聚合、提升和生产要素的自由流动，大力发展"中药＋"产业，强化与其他产业的融合发展力度，延伸和拓展中药产业的领域及范围，从而以整体优势参与对外竞争的过程，已是中药产业加快发展速度和优化升级、获得产业效益最大化和成本最低化的必然选择。

(5) 专业化驱动中药产业效益提升

产业发展的专业化是指中药产业链各环节实现组织化、规模化、集聚化发展，中药产业链各环节衔接紧密、关联度高，并产生显著的生态、经济和社会效益，推进中药产业的高质量发展。

问题研究中的效率问题就凸显了中药产业专业化程度的不足，存在散、小、乱的局面[258]，产业链各环节关联不紧密，技术的应用水平低下，传统的生产模式占据主要部分，极大地限制了中药产业的高质量发展。

实践中，可通过组织化将零散的中药材种植纳入统一的企业化经营管理，使更多的药农成为中药材种植企业的合伙人或股东,既能维护药农的利益,又能提升中药产业的发展水平,保障全线产品的质量。通过规模化促进现代科技在中药产业发展中的应用,从而带动产业转型升级,走向专业化。通过集聚化提升产业的关联度,形成产业链各环节之间的循环经济圈,实现资源的有效利用和产业的可持续发展。

4.4.2 各驱动因素共同作用机理

(1) 各驱动因素的互作用

绿色化对科技形成迫切的需求,从而带动中药科技的研发和广泛应用;对品牌化的影响上,绿色化有利于中药品牌的培育和建设,包括中药农业领域中的优质道地药材品牌、中药材地理标志产品,中药工业领域中的饮片品牌、中成药品牌,中药商业领域中的市场品牌、中药地理标志证明商标,以及中药健康服务业的大健康品牌;同时,绿色化带来的产业发展规范化、标准化又更有利于中药产业链的内部融合和向外延伸与拓展的外部融合,提升中药产业的融合化水平,进而催生中药产业向更为成熟的专业化、集约化方向发展。

科技化对中药产业的绿色生产、绿色产品制造、绿色物流、绿色服务都有着积极的推动和引领作用,并提升品牌的科技含量,借助如互联网技术、人工智能技术等科技成果的应用,促进中药产业融合化、专业化发展。

品牌化所展现的是产业发展质量、产品品质、市场竞争力、发展水平及潜力等深层次的内容,其对绿色化、科技化、融合化、专业化形成内在的要求和驱动力,进而产生巨大的影响。

融合化可以促进产业相关领域间的协作、互补,产生如循环经济的绿色生产和制造;对科技化的影响则表现为促成中药产业关键共性技术和核心技术的研发、推广应用,在降低中药企业科技设备设施投资成本的同时,还可以扩大中药产业的技术应用范围,让更多的中小企业受益,扩大中药产业发展规模;对品牌化的影响则是可以进一步凝练品牌的内涵、丰富品牌群,并推动品牌共建共享;对专业化的影响是在融合发展过程中,提升产业的专业化水平,推动中药产业资源、企业的集聚化。

专业化使得产业发展更为成熟和可持续,因而其必然带动产业的规范化、规模化、标准化发展,具体到中药产业,即体现在产业的绿色化、科技化、品牌化、融合化发展上。

(2) 各驱动因素作用于中药产业链

高质量发展具有非线性、动态演进、复杂多元的特征,中药产业的高质量发展也是从中药产业的初级化状态到高质量阶段的蜕变过程,这其中受到各驱动因素的共同作用,表现在各驱动因素共同作用于中药产业链各环节,影响到中药产业链纵向与横向的发展规模、产业科技和产业融合水平、产业效益等多方面,并体现在中药产业延伸和扩展能力、竞争力、协同度等指标上。

利用系统动力学原理,结合前面确立的中药产业链长度、丰度、宽度、关联度分析维度,以及中药产业延伸和扩展能力、竞争力、协同度七个方面来构建子系统,将各驱动因素之间所形成的复杂因果关系及相互作用机理展示出来,以此说明各驱动因素对中药产业高质量发展的共同作用,如图4.3所示。

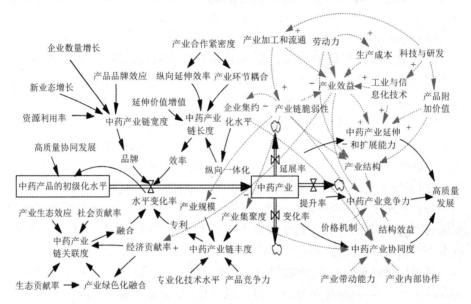

图4.3 中药产业高质量发展驱动因素的因果关系及交互机理

图4.3中左半部分的实线箭头因果关系,揭示中药产业链长度、丰度、宽度、关联度四个子系统影响因素之间的交互关系,即中药产业延伸和扩展能力、竞争力、协同度通过绿色化、科技化、品牌化、融合化、专业化的具体表现,对中药产业链的长度、丰度、宽度、关联度产生影响,进而作用于中药产业的高质量发展。中药产业从初级化状态到高质量发展的中期阶段,再中药产业的发展规模呈现独立、分散的特征,产业链的整体耦合关系相对薄弱,在经历漫长的前期成长阶段,再到中后期的整合发展阶段,产业链对中药产业的延伸和扩展能力、竞争力、协同度方面的影响作用开始显现,并且产业延伸和扩展能力、竞争力、协同度的部分影响因素将对前期的子系统产生反馈作用。

图4.3中右半部分的虚线箭头因果关系,揭示我国中药产业当前是以劳动密集型的中药农业发展形态为主,依赖科技化、品牌化、融合化驱动力的中药工业、商业、健康服务业形态还较为不足,中药产业链较为脆弱,影响中药产业效益,进而对中药产业延伸和扩展能力、竞争力、协同度产生一定负面影响。

如果中药产业深度加工和市场流通受阻，极易造成中药产业断链，那么，将难以提高中药企业的集约化水平和中药产业的集聚度，即专业化程度，从而降低中药产业的发展规模，导致中药产业经济效益下降，成为影响中药产业高质量发展的障碍。

而当中药产业发展模式转变后，通过绿色化、科技化、品牌化、融合化、专业化发展可以提高中药产品的附加价值以及产业的经济效益，它们之间表现为同向的作用关系。

因此，中药产业链脆弱性与它们之间存在反向的互馈作用，避免中药产业链断链的关键因素在于借助绿色化、科技化、品牌化、融合化、专业化来提高中药产业链多元发展的柔韧性。进一步来看，提高中药产业链柔性、改善中药产业效益和增加中药产品附加价值，有利于优化中药产业结构，对中药产业延伸和扩展能力、竞争力、协同度产生正向影响，可将其归为绿色化、科技化、品牌化、融合化、专业化层面的产业结构优化和产业效益。

通过上述分析得到，中药产业高质量发展是绿色化、科技化、品牌化、融合化、专业化多重驱动因素交互作用的综合结果，基于中药产业的效率、品牌、融合、专利（技术）子系统因素之间的关系，以及对应中药产业延伸和扩展能力、竞争力、协同度等构成影响中药产业高质量发展的核心要素，其可为分析、改进和优化我国中药产业高质量发展路径提供非常重要的理论参考。

本章小结

本章根据中药产业发展现有路径存在的问题，基于钻石模型，论证了中药产业高质量发展的必要性和可行性；结合扎根理论方法，分析了中药产业高质量发展的驱动因素，进行识别和总体分析以及实证检验；阐述了驱动因素对中药产业链各环节的影响及其之间因果关联性的作用机理，为明晰中药产业高质量发展的优化路径提供了研究的基础；进而，依据驱动因素对我国中药产业高质量发展水平进行了评价。

本章研究得出如下结论：① 中药产业高质量发展是当前最为紧迫的任务，已有产业基础为高质量发展提供了可行性条件；② 绿色化、科技化、品牌化、融合化、专业化是构成中药产业高质量发展的五方面驱动因素，根据表4.27各影响因素的得分结果，表明绿色化和科技化是最主要的因素；③ 各驱动因素之间互为关联，共同作用于中药产业的高质量发展；④ 测度对象与理想方案之间的接近程度，2015年处于最高值，达0.4215；2018年最低，为0.1766，均值也仅为0.2944，表明我国中药产业高质量发展水平较低，亟须建立起符合中药产业自身规律的、可持续的发展路径。

第5章 基于多重驱动因素的中药产业高质量发展优化路径及实施

基于中药产业发展的驱动因素,在阐明中药产业高质量发展优化路径理论逻辑的基础上,从组态视角出发,采用定性比较分析方法(Qualitative Comparative Analysis,QCA),分析各驱动因素在中药产业发展中的作用和角色,揭示其中复杂的因果联系,探究中药产业高质量发展优化路径,对应于现有路径,指明了优化选择的方向及实施策略,进一步明晰我国中药产业高质量发展优化路径的执行范式,为区域中药产业高质量发展提供实践参考。

5.1 基于 QCA 模型的中药产业高质量发展组合路径分析

遵循 QCA 的研究步骤,从模型构建及数据选择、变量选取与测量、单变量必要条件分析到基于条件组态的优化路径分析来完成。

5.1.1 中药产业 QCA 框架模型构建

由第 4 章表 4.4 研究结果可知,中药产业发展受绿色化、科技化、品牌化、融合化、专业化等多重驱动因素的综合影响,各因素相互依赖、相互作用,形成复杂的关联,因而,体现为综合多重因素的组态效应问题,在探寻其发展路径时,可以采用组合的方式,对各种驱动因素的相互依赖和相互作用进行研究。同时,我国各区域间的异质性明显,各省(市、地区)在中药产业发展中所拥有的资源、环境、政策支持等方面存在巨大的差异,也因此需要探寻适合本地区的中药产业发展的优化路径,而不是一味地模仿或照搬照抄其他地区的做法。为此,本书突破已有研究多为孤立地分析影响产业发展的因素、方法集中于传统的回归和因子以及聚类分析、多只能探索单个影响因素的"净效应"、忽视各因素之间的组合关系和协同效应从而导致研究结论与实际存在较大距离的不足，本章运用QCA定性比较分析方法，将影响中药产业高质量发展的驱动因素视为一体，明晰其因果复杂性联系，以求更好地回答中药产业高质量发展的优化路径问题。

(1) QCA定性比较分析方法

QCA方法源于布尔代数与集合论思想，对数量较少的样本进行多个案例之间的跨案例比较分析，从而探寻多个原因与某个结果之间的复杂关系。其是基于引发现象的原因条件是相互依赖而非独立的原理，将各种影响因素进行综合考虑，聚合为不同的组态，对原因和结果的关系采取整体的、集合的方式加以解释，实现对各影响因素重叠效应的分析，从系统的视角来看待问题，从而得出合理的结论。此方法突破了传统回归方法在影响因素交叉重叠分析上的局限性，并且不受小样本的制约，兼具定性分析和定量分析的优势。

利用QCA进行组态分析，在很多领域取得了积极的成果。Jose从组态视角出发，采用QCA方法研究创新绩效提升路径[259]；陈寒松利用QCA方法得出4条创新绩效产出关键路径[260]；张辉运用模糊集定性比较方法分析了实现高绩效的必要条件和多重路径选择[261]。

在实际应用中，QCA方法把需要解释的结果定义为"结果变量"，把解释结果的原因定义为"条件变量"，分析与研究相关的案例，并将每个案例视为不同条件的组合，通过案例间的比较分析，来揭示蕴含在"结果变量"与"条件变量"之间的复杂因果关系，找到对结果产生影响的最简条件组合。

(2) 模型构建

根据绿色化、科技化、品牌化、融合化、专业化驱动因素，以及中药产业高质量发展的目标，将驱动因素作为中药产业高质量发展的条件变量，将中药产业高质量发展和低质量发展作为结果变量，形成中药产业QCA定性比较分析模型，如图5.1所示。

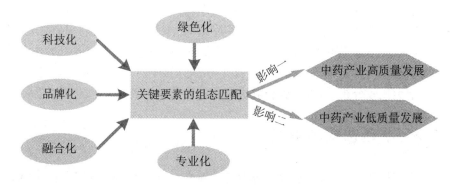

图5.1 中药产业QCA定性比较分析模型

依据 QCA 定性比较分析模型,明确中药产业高质量发展的优化路径,从中直观地印证中药产业高质量发展驱动因素的作用机理,明晰各驱动因素的直接和间接作用结果。图 5.2 展示了基于 QCA 的中药产业高质量发展优化路径分析框架,为中药产业高质量发展提供了最直接的模式选择和实践参考。

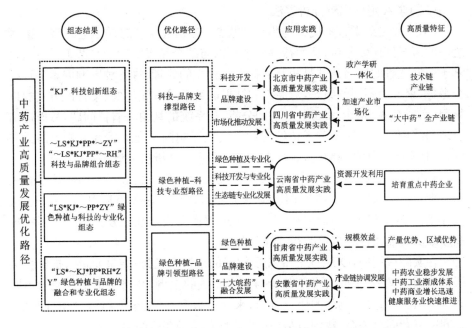

图 5.2　基于多重驱动因素的中药产业高质量发展优化路径及实施图示

(3) 数据选择

作为一种质性分析和定量分析相结合的混合研究方法,QCA 分析的目的是在案例对比的基础上去发现普遍的规律。因而,在确定分析模型之后,就需要选择用于比较分析的案例,将其作为研究的数据来源,以论证结果变量与条件变量是否存在因果关系。

在案例的选择时,需要遵循研究的实际需要、案例背景特征的相似性、案例结构的清晰性以及案例的可得性等原则。借此,本书选择 31 个省份的中药产业发展状况作为案例来源进行分析,而且各省份的中药产业发展程度各异,有利于做定性比较分析,可以得到影响中药产业高质量发展路径的组态结果。

5.1.2　变量选取与测量

在模型构建和案例确定之后,选取各变量并对其赋值,为后续运行 QCA 软件提供数据来源。

1. 变量选取

由于我国中药产业发展总体上还处于起步阶段，各省份在资源禀赋、经济发展水平上差异较大，从而导致各地的中药产业数据难以获取，因此，依据模型，在条件变量和结果变量的选取上，做出相应的转化处理。

(1) 条件变量的确定

绿色化以道地药材的种植面积（万亩）为衡量标准。科技化以专利为衡量标准，在国家知识产权局专利检索分析系统中查询以发明名称为"中药"，申请(专利)权人为各省份，包括机构、企业，不做时间限制，进行检索[262]。品牌化以中药品牌数量为衡量标准，以中国中药协会发布的2020年中国中药品牌榜单为统计对象，计算各省级行政区域内中药上市公司前20强、中药饮片品牌企业前10强、2020中药饮片品牌、2020老字号中药品牌企业前10强、中成药企业前100强的数量[263]。融合化以中医药健康旅游示范基地的数目为衡量标准，由前面的研究结果可知，中医药与旅游的融合是最为直接和广泛的，因此，以2018年3月国家旅游局、国家中医药管理局确定73家单位为第一批国家中医药健康旅游示范基地创建单位在各省的分布为分析数据[264]，专业化以中药材专业市场数量为衡量标准。

(2) 结果变量的确定

根据商务部发布的《2020年药品流通行业运行统计分析报告》中的数据，计算2020年各省份中药材类和中成药类产品销售额，将其作为结果变量。

(3) 变量代码及相关数据

各变量代码及相关数据如表5.1所示。

表5.1 31个省、区、市中药产业变量代码及相关数据

地区	道地药材种植面积（万亩）	中药专利（项）	中药品牌（个）	国家级中医药健康旅游基地（个）	国家级中药材专业市场（个）	中药材类和中成药类产品销售额（万元）
	LS	KJ	PP	RH	ZY	
北京(BJ)	20	5281	9	3	0	4158
天津(TJ)	20	3999	7	2	0	1262
河北(HB1)	65	1082	5	3	1	1086
山西(SX1)	101	413	4	2	0	539
内蒙古(NMG)	95	174	0	3	0	93
辽宁(LN)	260	434	1	2	0	685

续表

地区	道地药材种植面积（万亩）	中药专利(项)	中药品牌(个)	国家级中医药健康旅游基地(个)	国家级中药材专业市场(个)	中药材类和中成药类产品销售额（万元）
	LS	KJ	PP	RH	ZY	
吉林(JL)	100	666	10	2	0	689
黑龙江(HLJ)	121	465	4	2	1	982
上海(SH)	20	2456	6	2	0	2963
江苏(JS)	40	1669	14	2	0	2761
浙江(ZJ)	70	1390	11	2	0	2764
安徽(AH)	300	2405	3	4	1	1506
福建(FJ)	70	412	3	2	0	469
江西(JX)	300	1507	6	4	1	835
山东(SD)	300	2181	8	4	1	1950
河南(HN1)	500	2225	3	2	1	1920
湖北(HB2)	102	593	4	2	1	586
湖南(HN2)	794	1055	5	3	2	1494
广东(GD)	200	1431	14	2	2	4399
广西(GX)	180	1296	4	2	1	696
海南(HN3)	140	176	1	2	0	142
重庆(CQ)	200	1267	3	2	1	1764
四川(SC)	600	1799	6	3	1	1720
贵州(GZ)	711	1221	5	2	0	661
云南(YN)	800	701	5	2	1	1197
西藏(XZ)	20	43	2	2	0	401
陕西(SX2)	500	1060	4	2	1	819
甘肃(GS)	460	640	4	2	1	534
青海(QH)	60	76	0	2	0	88
宁夏(NX)	110	201	0	2	0	210
新疆(XJ)	251	130	0	2	0	323

2. 变量赋值

本书采用清晰集定性比较分析法（csQCA），具有简洁、直观的特质，是当前使用最为广泛的定性比较分析技术。变量赋值以各变量的均值为参考，大于等于均值的赋值为1，小于均值的赋值为0，结果如表5.2所示。

表5.2 各变量的清晰集赋值表

地区	道地药材种植面积（万亩）	中药专利（项）	中药品牌（个）	国家级中医药健康旅游基地（个）	国家级中药材专业市场（个）	中药材类和中成药类产品销售额（万元）
	LS	KJ	PP	RH	ZY	
北京（BJ）	0	1	1	1	0	1
天津（TJ）	0	1	1	0	0	0
河北（HB1）	0	0	1	1	1	0
山西（SX1）	0	0	0	0	0	0
内蒙古（NMG）	0	0	0	1	0	0
辽宁（LN）	1	0	0	0	0	0
吉林（JL）	0	0	1	0	0	0
黑龙江（HLJ）	0	0	0	0	1	0
上海（SH）	0	1	1	0	0	1
江苏（JS）	0	1	1	0	0	1
浙江（ZJ）	0	1	1	0	0	1
安徽（AH）	1	1	0	1	1	1
福建（FJ）	0	0	0	0	0	0
江西（JX）	1	1	1	1	1	0
山东（SD）	1	1	1	1	1	1
河南（HN1）	1	1	0	0	1	1
湖北（HB2）	0	0	0	0	1	0
湖南（HN2）	1	0	1	1	1	1
广东（GD）	0	1	1	0	1	1
广西（GX）	0	1	0	0	1	0
海南（HN3）	0	0	0	0	0	0
重庆（CQ）	0	1	0	0	1	0

续表

地区	道地药材种植面积（万亩）	中药专利（项）	中药品牌（个）	国家级中医药健康旅游基地(个)	国家级中药材专业市场（个）	中药材类和中成药类产品销售额（万元）
	LS	KJ	PP	RH	ZY	
四川(SC)	1	1	1	1	1	1
贵州(GZ)	1	0	1	0	0	0
云南(YN)	1	0	1	0	1	0
西藏(XZ)	0	0	0	0	0	0
陕西(SX2)	1	0	0	0	1	0
甘肃(GS)	1	0	0	0	1	0
青海(QH)	0	0	0	0	0	0
宁夏(NX)	0	0	0	0	0	0
新疆(XJ)	1	0	0	0	0	0

5.1.3 单变量必要条件分析

单变量必要条件分析旨在检验单个变量是否为结果变量的必要条件，其取决于单个变量相对于结果的一致性分值(Consistency)，一致性分值在0.9以上，就可以认为该单个变量为结果的必要条件。在QCA软件中进行一致性分析，得到单个条件变量的必要性检验结果，如表5.3所示，其中"～"表示集合运算非。检验结果表明，只有科技化一项的一致性超过0.9。其余的一致性均小于0.9，均不构成中药产业发展的必要条件，需要从组态的视角进行分析。

表5.3 单个条件变量的必要性检验

条件变量	结果变量(outcome)		结果变量(～outcome)	
	中药产业高水平发展	中药产业低水平发展	中药产业高水平发展	中药产业低水平发展
	Consistency（一致性）	Coverage（覆盖度）	Consistency（一致性）	Coverage（覆盖度）
LS	0.454545	0.416667	0.350000	0.583333
～LS	0.545455	0.315789	0.650000	0.684211
KJ	0.909091	0.769231	0.150000	0.230769

续表

条件变量	结果变量(outcome)		结果变量(～outcome)	
	中药产业高水平发展	中药产业低水平发展	中药产业高水平发展	中药产业低水平发展
	Consistency（一致性）	Coverage（覆盖度）	Consistency（一致性）	Coverage（覆盖度）
～KJ	0.090909	0.055556	0.850000	0.944444
PP	0.727273	0.571429	0.300000	0.428571
～PP	0.272727	0.176471	0.700000	0.823529
RH	0.454545	0.625000	0.150000	0.375000
～RH	0.545455	0.260870	0.850000	0.739130
ZY	0.636364	0.466667	0.400000	0.533333
～ZY	0.363636	0.250000	0.600000	0.750000

5.1.4 条件组态分析

清晰集定性比较运算结果，可以得到复杂解、简单解、中间解三种解。复杂解是完全按照变量设置而产生的结果；简单解则可能与事实存在一定出入；中间解介于复杂解和简单解二者之间，较好地展示了事件形成的路径。因而，在实际应用中，通常采用中间解方案。

在本书运算结果中，三种解的结果如表 5.4 所示。

表 5.4 csQCA 运算结果（outcome = ind）一览表

Outcome = ind, ind = f(LS, CX, PP, RH, ZY)
frequency cutoff:1; consistency cutoff:0.75

解的类型	条件组态	原始覆盖度	唯一覆盖度	一致性	解的覆盖度	总一致性
复杂解	～LS * KJ * PP * ～ZY	0.363636	0.0909091	0.8	0.727273	0.888889
	～LS * KJ * PP * ～RH	0.363636	0.0909091	0.8	0.727273	0.888889
	LS * KJ * ～PP * ZY	0.181818	0.181818	1	0.727273	0.888889
	LS * ～KJ * PP * RH * ZY	0.0909091	0.0909091	1	0.727273	0.888889
简单解	LS * KJ * ～PP	0.181818	0.181818	1	0.727273	0.888889
	～LS * KJ * PP	0.454545	0.454545	0.833333	0.727273	0.888889
	LS * ～KJ * RH	0.0909091	0.0909091	1	0.727273	0.888889

续表

$$Outcome = ind, ind = f(LS, CX, PP, RH, ZY)$$
$$frequency\ cutoff:1; consistency\ cutoff:0.75$$

解的类型	条件组态	原始覆盖度	唯一覆盖度	一致性	解的覆盖度	总一致性
中间解	KJ					
	~LS * KJ * PP * ~ZY	0.363636	0.0909091	0.8	0.727273	0.888889
	~LS * KJ * PP * ~RH	0.363636	0.0909091	0.8	0.727273	0.888889
	LS * KJ * ~PP * ZY	0.181818	0.181818	1	0.727273	0.888889
	LS * ~KJ * PP * RH * ZY	0.0909091	0.0909091	1	0.727273	0.888889

由中间解构成的中药产业高质量发展路径组态,如表5.5所示。

表5.5 中药产业高质量发展组态表

组态	LS	KJ	PP	RH	ZY	一致性	原始覆盖度	唯一覆盖度	总体覆盖度	总体一致性
KJ		●								
~LS * KJ * PP * ~ZY	⊗	●	·		⊗	0.8	0.363636	0.0909091	0.727273	0.888889
~LS * KJ * PP * ~RH	⊗	●	●	⊗		0.8	0.363636	0.0909091	0.727273	0.888889
LS * KJ * ~PP * ZY	●	●	⊗		·	1	0.181818	0.181818	0.727273	0.888889
LS * ~KJ * PP * RH * ZY	·	⊗	·	●	·	1	0.0909091	0.0909091	0.727273	0.888889

注:●表示变量存在,⊗表示变量缺失。大圈表示核心条件,小圈表示边缘条件,空格表示变量可存在也可以不存在,表明其存在与否均不影响结果[265]。

至此,通过对31个省、市中药产业相关数据采用csQCA分析,得到中药产业高水平发展的组合结果。其总体一致性超过了0.8的标准,达到0.888889,总体覆盖度也超过了0.5的标准,达到0.727273,说明所得到的组态能够很好地解释中药产业高质量发展的原因,从而为中药产业高质量发展提供了具体的优化路径分类。具体来看,我们可以得到4种组态,依次为:组态1,"KJ"科技创新组态;组态2,"~LS * KJ * PP * ~ZY""~LS * KJ * PP * ~RH"科技与品牌组合组态;组态3,"LS * KJ * ~PP * ZY"绿色种植与科技的专业化组态;组态4,"LS * ~KJ * PP * RH * ZY"绿色种植与品牌的融合和专业化组态。

5.2 中药产业高质量发展优化路径选择

由第 5.1 节基于 QCA 模型的组合路径分析可知,中药产业有科技创新、科技与品牌组合、绿色种植与科技的专业化以及绿色种植与品牌的融合和专业化四种高质量发展路径。其中,科技创新路径属于单因素驱动下的发展路径,且科技创新因素已经包含在科技与品牌组合、绿色种植与科技的专业化路径中。同时,根据各组态核心条件以及边缘条件的不同,基于中药产业发展路径现状,结合中药产业特点,可以将四种组态划分为科技与品牌组合、绿色种植与科技的专业化以及绿色种植与品牌的融合和专业化三种。其中,科技与品牌组合主要体现在科技与品牌对中药产业的支撑作用上;绿色种植与科技的专业化组合主要体现在科技对中药农业的贡献上,以科技推动中药农业的专业化发展;绿色种植与品牌的融合和专业化组合主要体现在中药全产业链的高质量发展目标上。据此,可以将此三种组合路径概括为科技-品牌支撑型路径、绿色种植-科技专业型路径、绿色种植-品牌引领型路径,即中药产业高质量发展的优化路径。

5.2.1 科技-品牌支撑型路径

科技-品牌支撑型路径是通过中药产品创新、技术创新、服务和文化创新等,支撑中药产业品牌化发展,助力中药品牌走稳走强,以此形成中药产业的高质量发展,是以中药工业、中药商业为起点的发展优化路径。例如,四川省中药工业居全国第三位,拥有我国第一个中药现代化科技产业基地,另外,荷花池药材交易市场也是 17 个专业化市场之一。因此,四川省应选择科技与品牌组合的路径,以中药工业为主,并且利用市场来推动中药产业高质量发展。

科技创新指明了中药产业发展的研发之路,依赖现代科技,以研发为手段,在中药新药创制、经典名方研发、中药绿色智能制造、生物新技术研发等领域形成突破,将科技化发展融入中药产业链的各个环节,解决现代中药产业发展中的关键性、共性技术难题,从而提升中药制药品质,以技术促升级、促创新,以技术应用取代对资源的高消耗,提升技术应用水平和贡献率,推动和引领中药现代化、国际化发展,是中药工业、中医药健康服务业、中药全产业链的发展优化路径。

科技创新是品牌价值的根源,品牌价值提升则又反作用于科技创新。品牌体现的是中药企业的创新行为,与中药企业的科技价值密切相关,优秀品牌的诞生是源于中药企业持续的科技创新能力,缺乏内在科技价值支撑的中药企业和产品,不可能建立起持久的品牌化优势。

如前文所述,我国中药产业发展尚处于起步阶段,中药企业及产品同质化竞争严重,市场上相关产品较为混杂,产品品种虽多,却未能形成品牌优势。加上普通民众对医药知识的了解有限,在信息不对称条件下,非理性、从众等不成熟购买行为普遍存在。因此,借助科技创新力量对品牌价值进行塑造,成为中药产业高质量发展优化路径的又一必然举措。

5.2.2 绿色种植-科技专业型路径

绿色种植-科技专业型路径是将中药材种植与科技创新紧密结合,形成规范化、标准化、集约化的种植基地,重在打造中药产业的生态链,实现专业化发展。从中药产业链的角度来看,此种路径属于中药农业为起点和基础的发展优化路径。

生态链是基于生态学、循环经济学和共生理论,各主体与其环境之间通过物质和信息交换以及资源共享所建立起来的一种互利互惠的可持续发展系统。中药产业生态链是围绕产业链各环节的质量要求,建立起生态循环产业链,形成覆盖产业链全过程的质量追溯体系,并且引导产业科技创新,为专业化发展奠定坚实的质量基础。

5.2.3 绿色种植-品牌引领型路径

绿色种植-品牌引领型路径源于中药工业基础相对薄弱的条件下,发展中药材种植产业,并与市场(品牌)创建相结合,形成融合、专业化的引领路径。这是以中药农业、商业和健康服务业为起点和基础的发展优化路径,其重在延长中药产业链的长度、强化中药产业链的丰度、拓展中药产业链的宽度,从而实现中药产业的高质量发展。

因此,根据上述中药产业高质量发展优化路径的四种类型,基于产业链视角,与现有路径类型相对照,可以从中为对应路径现状的优化和迈向高质量发展提供选择,如表5.6所示。

中药农业主要体现为中药材种植,因而中药农业的资源型路径应以绿色种植-科技专业型路径、绿色种植-品牌引领型路径为优化选择。

中药工业主要体现为产品加工和制造,加工工艺及科技应用是其典型特征,因而中药工业的加工型路径应以科技-品牌支撑型路径为优化选择。

中药商业主要体现为产品销售，品牌是其最主要的驱动因素，因而中药商业的专业市场型路径应以科技-品牌支撑型路径、绿色种植-品牌引领型路径为优化选择。

中医药健康服务业主要体现为产业融合，可以依托中药材种植、中药工业发展田园综合体、健康旅游业，并形成品牌化经营，因而中医药健康服务业应以科技-品牌支撑型路径、绿色种植-科技专业型路径、绿色种植-品牌引领型路径为优化选择。

中药全产业链型路径涉及产业链长度、丰度、宽度和关联度的优化，因而应以绿色种植-科技专业型路径、绿色种植-品牌引领型路径为优化选择。

表 5.6 中药产业高质量发展优化路径选择

序号	产业链	路径现状	优化路径选择
1	中药农业	资源型	绿色种植-科技专业型化路径、绿色种植-品牌引领型路径
2	中药工业	加工型	科技-品牌支撑型路径
3	中药商业	专业市场型	科技-品牌支撑型路径、绿色种植-品牌引领型路径
4	中医药健康服务业	融合型	科技-品牌支撑型路径、绿色种植-科技专业型路径、绿色种植-品牌引领型路径
5	全产业链	全产业链型	绿色种植-科技专业型路径、绿色种植-品牌引领型路径

表 5.6 为当前的中药产业发展路径提供了优化的方向，为中药产业高质量发展提供了思路指引，也为拥有不同资源禀赋和产业优势、处于不同产业发展阶段的地区实现中药产业高质量发展创造了新的路径选择。

5.3 中药产业高质量发展优化路径实施

明确了优化路径及其选择之后，促进其实现则成为达成中药产业高质量发展目标的必然举措，依据扎根理论方法所识别出的驱动因素构成，围绕生态化、规范化、标准化、集约化、平台化、技术化、全域化、层次化、系列化、市场化、内部化、外部化、一体化、组织化、规模化和集聚化等采取相应的执行策略。

5.3.1 科技-品牌支撑型路径实施

科技-品牌支撑型路径的实施,可以从创建科技服务平台、促进技术开发和转化、提升品牌的科技创新价值等方面着手。

1. 创建科技服务平台

平台化是为中药科技创新搭建基础设施、系统和渠道,为科技创新及其成果的转化、利用提供支撑,不仅为品牌建设、推广创造条件,并且自身也是中药品牌的重要组成。

(1) 建设科技创新基础设施

科技企业孵化器和加速器,基础化学、工程实验、药物分析测试、制药工艺等实验室,国家级和省级科学研究中心,博士后流动站和重点工程技术中心等都是中药产业科技创新基础设施。如今,国家也已建成一批专门的中医药科研院所、GLP和GCP临床研究中心、国家中医药重点实验室或研究室、国家级中药科技产业基地等基础设施,但是在数量上仍然偏少,如国家级中药科技产业基地仅有14个,国家中医药重点实验室或研究室也仅为21个,难以满足众多中药品种及地域的中药产业科技发展需求。同时,我国长期缺乏中医药科技专项项目,近一两年才有所好转,在国家自然科学基金和部分省份科技研发计划中单列了中医药专项,高水平项目数的不足使得已有的平台受困于人才、项目和资金的短缺制约,较难发挥出应有的作用。

为此,围绕中药产业链相应环节的科技需求,以种植技术创新、中药饮片炮制工艺创新、中药新药开发、检验检测技术研发、质量追溯系统建设等领域为重点,加快布局一批重大科技基础设施,推进平台化建设。中药企业作为科技创新主体之一,应整合优势科研资源,与科研单位开展积极合作,建立中药工程技术研究中心、重点实验室等研发和共享平台,联合开展中药科技研发工作。

我国很多省份已在打造中药产业创新平台上采取了积极的行动。例如,北京市拥有北京中医药大学、北京大学中医药现代研究中心、中国中医科学院中药研究所、中国医学科学院药用植物研究所、中药临床疗效和安全性评价国家工程实验室、中华中医药学会中药大品种联盟等众多科技平台资源优势;由天津中医药大学联合天士力集团、扬子江药业集团、天津市医药集团、上海医药集团、天津红日药业等5家中药行业优势企业共同组建首个国家地方共建现代中药创新中心,致力于成为国际领先的现代中药创新平台,辐射带动中药全行业发展,实现中药传承和创新;浙江大学成立"组分中药国家重点实验室浙江大学交叉创新中心"暨"国家现代中药创新中心长三角转化基地",与天津中医药大学共同深入开展组分中药新药创制、中药制药品质提升、中药绿色智能制造等方面技术创新研发。这些平台的建立,为中药产业创新发展路径提供了强有力的支撑条件。

(2) 构建区域创新系统

构建区域创新系统是将区域内科技基础设施以及医药企业、高等院校、科研院所等创新主体资源纳入协同、互联、共享之中,形成中药产业创新网络,并融入到国家创新系统,构成支撑中药产业高质量发展强有力的科技保障。改变目前中药产业科技创新缺乏全方位协同的中药科技创新系统、科技平台之间共享程度低、创新主体之间关联度不紧密、创新活动多属单打独斗行为的现状。从而,提高中药科技研发、孵化和成果转化能力,在短时间内实现重大技术突破。

在区域创新系统内,通过建立完善的科技创新协同机制,创设论坛、集成研讨厅等促进知识共享和创新成果转化的多种协同方式,鼓励龙头骨干企业和高等院校及科研院所开展合作,实施研究与开发援助,组建产学研联盟,共建产学研平台和科技研发体系。集聚一流的科研人才和先进的科研设施,开展中药产业的基础性研究、关键性技术、共性技术研究,形成富有创新能力的产业创新系统,对整个产业技术创新发挥引领和辐射带动作用。

(3) 建立全方位的专利保护网

中医药知识产权保护水平依然很弱,尤其是中医药传统知识被肆意获取和使用,造成不可估量的损失。积极申请国外专利,不断开拓海外专利市场,建立全方位的中医药专利保护网,保护中医药传统知识、产品和技术免受侵权,鼓励企业和科研机构作为专利权持有人,加快中药专利产业化、市场化等同样是走中药产业科技创新路径的必然举措。

2. 促进技术开发和转化

经由平台化来提升中药产业的技术转化水平,促进科技在中药全产业链中的转化和应用,为品牌培育和推广打下坚实的基础。平台化是技术化的前提和基础,技术化是平台化的目的所在。

(1) 强化中药全产业链中的共性和关键技术研究

中药农业方面的良种繁育、遗传基础、野生抚育和驯化、土壤修复与轮作、道地药材生长发育特性、药效成分形成及环境关联性等,中药工业方面的道地药材炮制技术、中药新药研发、大宗中药材的综合开发利用、传统名优产品二次开发、中药复方技术创新等,中药商业方面的贮存、追溯技术,中药健康服务业方面的业态创新等都是中药产业高质量发展所面临的共性和关键技术技艺需求。中药科技创新需要以此为方向,促进科技创新成果的产业化应用。例如,北京市充分发挥科技优势,利用各类平台资源,积极推进政产学研一体化,针对首都十大危险疾病中医药防治优势病种,开展"十医十药"研究,研发中药新药并实现产业化,促进技术链和产业链紧密衔接,使得中药制药工业成为北京中药产业的主体;在利用各类科技平台资源的同时,北京市还瞄准中药产业发展中的技术瓶颈问题和共性需求,集聚创新要素,优化营商环境,强化产学研医协同创新体系建设,紧抓基础研究,聚焦前沿技术、中药新药创制、中药大品种二次开发、新兴业态等重点领域,与人工智能、大数据技术融合,不断提升中药创新发展水平,促进中药科技创新成果及时转化,构建高端产业体系,为推动中药产业高质量发展提供有力支撑。

(2) 完善技术市场

技术市场是促进技术转化与应用的另一重要条件,也是造成中药科技研发成果难以有效转化的主要原因之一。从中医药服务贸易占比极小的现状即可看出,当前中医药技术市场极不完善,大量的专利成果未能产生应有的经济效益,制约了科技创新的实现。在改变策略上,需要加强中医药技术市场的开发与培育,建设科技成果交易中心、科技贸易中心等成果发布和转化平台,完善中介组织,完善相关制度,为供需双方搭建互动桥梁,提供便利的科技服务,维护市场交易秩序,进而推动中药知识产业的成长和发展。例如,北京市以同仁堂等龙头企业、高新技术企业为抓手,建立现代中药研发体系,创建新药研发技术平台,提升企业的中药现代化水平,加快国际化进程,支持现代中药企业的成长,吸引国内重点中医药企业来北京建立总部、营销中心、研发中心,推动中药产业高质量发展。

3. 提升品牌的科技创新价值

品牌的科技创新价值体系由多个要素构成,因而在路径实施上,通过产品创新可以提供差异化的功能价值,通过技术创新可以提高品牌的品质价值,通过服务和文化创新可以提升品牌的忠诚价值。企业应通过持续不断的科技创新行为,为品牌注入鲜活的多重价值元素,保持品牌优势,推动产业高质量发展。

(1) 通过产品创新提供差异化的功能价值

通过对中药资源的创新开发利用,研发和生产以中药为基源的功能性食品、新资源食品、保健品、化妆品、日化用品、农药、兽药、食品添加剂等市场前景广阔的新型产品,开发如沙棘饮料、枸杞饮料、山楂饮料、百合饮料、桑葚原汁、银杏茶、荷叶茶、五加参芪茶、丁香神芪茶、五味子酒、杏仁酒、红枣酒、竹叶青酒等众多的中药延伸产品,进而培育和创建产品品牌。例如,在日化产品领域,广东省的霸王洗发水、云南省的云南白药牙膏和云南白药养元青头皮护理洗发乳等已成为中药日化产品领域新的品牌。又如,北京市龙头企业同仁堂集团主营业务收入占全市中药行业的一半,利润占三分之二以上,带动了产业科技创新。而科技创新也催生了众多销售过亿的中药产品,包括同仁堂的安宫牛黄丸和六味地黄丸、北大维信生物科技有限公司的血脂康胶囊、北京以岭药业有限公司的参松养心胶囊和连花清瘟颗粒、北京联馨药业有限公司的人工麝香、北京建生药业有限公司的金龙胶囊等。[266]

(2) 通过技术创新提高品牌的品质价值

强化科技在中药产品开发中的作用,赋予中药产品更多的技术含量,为品牌注入更多的科技创新元素。在产品结构、剂型、行业标准等多领域创新产品、培育品牌,并且充分利用技术手段推动中药品牌的培育、传播和推广,促进中药市场发展,形成对中药品牌高品质的认知。

(3) 通过服务和文化创新提升品牌的忠诚价值

做好对消费者全过程的跟踪服务,创新服务方式,组建科技服务团队,建立技术服务中心,配置药学服务人员,满足消费者多层次、多类型的服务需求,培育消费者的信任价值、忠诚价值。将体现中医药丰富文化的实物、人物、故事等融入中药产品,赋予中药产品更多的文化内涵和情感价值,培育消费者的忠诚度,以此促进中药文化创意产业的形成和发展。

5.3.2 绿色种植-科技专业型路径实施

绿色种植-科技专业型路径实施优化路径的具体实施是围绕中药农业的生态化、规范化、标准化和集约化,加强科技应用和专业化建设。

1. 注重生态建设

生态化是中药产业链各环节之间实现资源的共享和循环利用,形成资源节约型、生态效益型发展模式。

作为以植物资源为主要来源的中药,对生态环境的依赖极为显著,良好的生态环境是保证中药质量的根本,不同的土壤、气候、地理条件形成不同的道地药材。然而受到利益驱使,现实中仍有大量的中药资源被滥采滥挖,在经营的数千种中药材品种中,80%的野生资源因掠夺性开发而走向濒危殆尽,中药赖以生存的环境遭到极大破坏。

(1) 保护生态环境

建立健全农业投入品管控、土壤污染防治、水污染防治等系列生态环保制度及生态环境监测信息系统。强化政府对生态环境的管理、监督,加大执法力度,实现优质中药材生产与生态保护协调发展。

(2) 保护中药资源

中药资源是中医药赖以生存、发展的物质基础,其优劣直接影响到临床疗效。对野生中药资源的滥采滥挖,造成的后果不仅仅是药材本身濒临灭绝,更为严重的是,引起与之共生的生态系统走向消失。一个物种的消失会导致15～30个物种的危机,为此,制定《野生道地中药资源保护名录》,建立中药材种质资源圃、种质资源保护区、种质资源库,以及建立中药资源动态监测点,掌握中药资源的动态变化等是保护中药资源的有效举措。

2. 强化科技应用

加强科技在绿色种植中的应用水平,促进中药材种植规范化、标准化、集约化发展,保障中药材质量。

(1) 推动规范化发展

规范化主要体现在中药的行业发展规律及管理行为约束上,例如,当前很多中药材种植仍是基于传统的经验,呈现的是散、乱、小的局面,缺少成熟的规模化种植养殖范式,一些基地虽然具备这种范式,但是受制于专业人才资源,在日常管理、企业经营等方面均缺失规范性、科学性。

规范化要求全面遵循中药产业自身发展规律,展现中药生产、经营、管理行为的科学性,推动中药产业走资源节约型、环境友好型的可持续、高质量发展之路,实现经济发展、社会进步和环境保护的共赢。

(2) 提升标准化水平

标准化主要体现在技术约束上,现行药品管理法、中药材生产技术规程、饮片炮制规范等均对中药生产经营的过程、环节提出了具体可执行的技术标准。然而,在实践中,受到中药材不同品种属性的差异以及监管不足,很多标准难以得到真正执行,诸如中药材种植主体受市场价格波动的影响较大,往往不顾及中药材本身的生长要求,反而采取提前开挖、采摘等不规范操作行为,致使药材质量保障不充分,使得优质中药产品未能形成市场竞争力和由此所产生的经济社会效益。

因此,需要完善质量全过程管理,实施标准化生产,严格遵循中药产业链各环节的技术规程,建立覆盖中药全产业链的产品质量标准体系、产品质量追溯体系以及产品出口认证体系,引导自然抚育和绿色生产相结合,确保中药材生产的优质、高效。

(3) 促进集约化发展

集约化是运用现代科学技术对产业进行整合改造,集合各资源要素优势,提高经济效益。我国中药产业布局分散、中药企业数量不足、规模也普遍弱小,中药材生产中,难以真正地做到统一供种、统一育苗、统一施肥、统一采收等集约化经营，不仅仅影响产量，更为严重的是质量保障方面不够。

3. 迈向专业化经营

受到科技应用水平的制约，很多地区的中药材种植还处于散、弱、小的状态，药农的现代经营意识不足，行业的组织化水平较低，缺乏规模化的龙头企业，并且企业现代化管理水平薄弱，健全的质量管理体系及经营规范并未切实履行且缺乏有效的监管。而专业化经营是中药产业高质量发展的必然要求，需要中药农业经营者强化彼此协作，确立组织化、现代化管理模式，同时与中药科技机构、教育机构开展广泛的产学研合作，积极从外部获得知识和技术力量，发挥科技的作用，创新技术应用，优化环节管理，融合上下游产业链，创建一体化发展机制，提升产业的自动化、智能化水平，通过技术驱动中药产业发展，从过去粗放式经营转向内涵式发展，从分散式经营转向集中式发展，从高成本、低效率转向低投入、高产出，更加集中合理地发展中药产业。

例如，云南省蕴藏着6800种之多的药用植物资源，全省天然药物原料种植基地就高达800万亩，拥有三七、天麻、黄连、云茯苓、白豆蔻、丁香、砂仁、肉桂等一批规模化的特色中药材种植基地以及26个民族的传统医药文化。丰富的药物资源和医药文化的多样性，为云南省中药产业快速发展提供了优越的先天条件。利用这些优势，可以大力推进中药材绿色种植生产，并且在GAP规范化种植、中药材质量管理、中药企业规模化创新发展等领域形成专业化。同时，云南省现有中药制药企业105户，世界500强企业1户，全国制药工业百强1户，上市企业5户，产值过5亿元的企业14户，其中云南白药集团的各项经济指标均居云南省医药企业首位，依托这些优秀中药企业，完全可以在科技开发及其专业化发展上创造出更多的业绩，包括通过开展野生中药材变家种的研究，在中药规范种植技术上形成重大突破，以中药材种植基地和产品开发为重点，对三七、大黄、灯盏花、云茯苓等道地中药材实施品种选育、引种驯化、病虫害防治和种植研究。另外，利用国家中药现代化科技产业基地积极建设完善的中药研发体系，推进昆明医药工业园、文山医药工业园、楚雄医药工业园等中药工业示范园建设，通过中药材种植研究、中药标准化及质量研究、中药新药研发、中药临床研究、中药工程技术及制剂研究、中药信息等研发中心建设，不断地开展中药现代化科技创新和新药开发工作。依托这些科技开发的专业化，寻求中药现代化科技创新和新药开发的重大成果，实现中药产业高质量发展。

5.3.3 绿色种植-品牌引领型路径实施

绿色种植-品牌引领型优化路径在具体实施上，可以从塑造品牌群、培育新业态和建设核心圈这几个方面来完成。

1. 塑造品牌群

品牌群是不同的品牌按照地区、行业分布所汇聚而成的群体,是在单个企业品牌系统之上,也是产业竞争力整体提升的重要驱动力,更是产业发展壮大的显著标志。中药产业链上各环节、主体、产品、地域、文化等所构成的涵盖符号、视觉、一定特征的名称的集合体即构成中药产业品牌群。

我国中药产业链上的品牌基本还处于小、散、单一的状态,现有的品牌主要体现在中药工业环节中的中成药上,如云南白药、复方滴参丹丸等。产业链其他领域中的品牌也都相对弱小,未能涌现出众多的品牌,难以形成品牌群效应,影响了整个产业的竞争力。

塑造品牌群对提升中药全产业链价值有积极的影响,品牌代表了产品的质量,也蕴含了产品的科技创新实力,同时,好的品牌在市场上也成为被追逐的对象,从而加速企业重组、兼并和产业融合等进程,促进新业态、新模式的诞生,加速相关品牌向核心品牌集聚,促进产业集群化发展。中药产业需要突破产业链内部单个企业的品牌系统,组建整个产业链的相互关联、相互促进的品牌群,形成品牌互惠系统和协同效应,带来持久的品牌价值增长。

中药产业品牌群的塑造可以基于区域、企业、产品、产业链来完成。以区域为例,其既可以是行政范围意义上的地理空间,如省域、县域;也可以是某种特殊地理环境所构成的空间范围,例如大别山区域就涉及安徽省、湖北省、河南省等多个地区,该区域独特的地理环境适合菌类药材生产,为塑造本区域的品牌群提供了特定地理环境内涵的巨大优势,本区域诸多的地理标志就是属于以区域为基础的品牌群。这里,同样地依据扎根理论方法所确定的层次分别进行阐述。

(1)全域化

全域化体现在中药产业链所有环节均设计和打造相应的品牌,主要包括以下四个方面。

其一,中药农业环节确立中药地理标志。地理标志,又称原产地标志(或名称),世界贸易组织在《与贸易有关的知识产权协定》第二十二条第一款中将其定义为"其标志出某商品来源于某成员地域内的某地方,或该商品的特定质量、信誉或其他特征主要与该地理来源有关"。我国在《商标法》中规定"地理标志是指标示某商品来源于某地区,该商品的特定质量、信誉或者其他特征,主要由该地区的自然因素或人为因素所决定的标志"。因为中药材在其形成过程中与地域有着紧密的联系,受到地理环境、历史文化、科技、经济等多个属性的影响,所以凸显中药材的地域性特征,对中药材实行地理标志的保护,对促进中药产业发展具有特殊的意义,既充分体现中药文化独特的地域性色彩,又有利于形成世所公认的名优品种,从而提高相关中药产品的附加值,提高国际知名度和竞争力。为此,应该鼓励以地产药材、药典录入品种为重点,积极申报地理标志,实现以地理标志带动产业,提高中药产业竞争力。

其二,中药工业环节确立中药大品种品牌。中药大品种是支撑中药产业高速发展的关键,对促进企业发展规模的扩大、推动中药产业做大做强发挥着不容忽视的作用。中药大品种品牌建设,能够及时有效地将中药拳头产品转化成市场推广利器,促进拳头产品的形成和壮大,快速向各类市场辐射,强化中药拳头产品在人们头脑里的地位,推动产品规模和增速领先于同类品种,延长产品生命周期,进一步巩固产品的市场定位,提高市场份额和竞争力。

其三,中药商业环节确立流通载体品牌。例如,我国17个中药材专业交易市场品牌、部分地区建立的中药工业园区品牌、"九州通""药易购"等中药流通企业品牌等,中药专业市场品牌、中药园区品牌及中药流通企业品牌形成中药商业环节的品牌群。

其四,中医药健康服务环节确立大健康品牌。健康是一个包含身体、心理、社会适应和道德的多维的概念体系,其将人类数千年对自身、疾病和生存环境的认识高度概括,表明每个人的生活方式和个体行为对健康有着最为重要的影响,促使人们以疾病治疗为中心向以健康建设为中心转移。这为中药产业发展带来了广阔的市场空间,但其毕竟属于一个新的领域,所形成的中医药健康新业态、新模式、新理念等需要通过品牌的力量予以放大、建立和强化,把中医药健康产业引向深入,充分发挥中医药特点和优势,推动与中医药相关的文化、旅游、体育、养生等大健康设施建设和项目、产品开发与推广,为中医药健康产业发展奠定坚实基础。同时,大健康也需要借助中药的地域性特色,利用地方资源禀赋,整合地域优势资源进行理念创新、产品创新和营销创新,从而促进中医药健康产业体系的快速形成。

(2) 层次化

层次化是品牌的纵向拓展,从中药全产业链来看,构成从中药地域品牌到企业品牌、产品品牌的延展。

中药地域品牌是指直接依赖特定地域生长环境的、拥有独特品质的、多以"原产地"为名称的地域性公共品牌。因为温度、湿度、日照等自然环境的差异,形成每种中药材的道地性,进而具备这种道地性特色的共有属性,以及基于此所建立起的共同认知,经过概念化的凝练、体系化的内容塑造,以便构成中药地域品牌。地域品牌旨在充分发挥地域中药资源优势,展现地域中药产业特色,其代表了整个区域产业的形象,具有广泛和持久的影响力,有利于区域内的中小企业提升产业效益和规模,有利于推进中药产业升级。在创建和培育地域品牌上，可以全力做好中药材种植资源保护区品牌、基地品牌、园区品牌等多品种中药材有机产品认证示范区、生态原产品保护示范区等地域品牌的策划、宣传推广和保护工作。

品牌也不只是一个标记或一个符号，通常是和具体企业连在一起的，即企业品牌。与地域品牌不同，企业品牌所承载的主体是企业，展现的是单个企业的形象和独特之处，为某个企业所私有。中药企业可通过重组、兼并等方式改变散、弱、小的局面，做大做强，形成著名的中药企业品牌。

品牌效应最终还是要落实在中药产品上，通过中药产品的销售来实现，构成中药产品品牌。在中药农业领域，利用悠久的文化历史培育道地药材品牌。在中药工业领域，推动饮片生产企业向精深化、差异化、品牌化方向集群发展；培育中药大品种，形成中药龙头产品、名优产品和名牌商标。在中药商业和中医药健康服务业领域，培育具有特色和优势的服务品牌。

(3) 系列化

系列化即针对中药产业链各环节的品牌以及中药各区域品牌、企业品牌、产品品牌制定更为细化的品牌体系，形成品牌系列，促进产业融合发展。例如，创建于 1902 年的中华老字号——云南白药集团，将品牌延伸到多个行业领域，不仅开发了云南白药创可贴、云南白药气雾剂、云南白药膏等药品，打造了云丰、云健、童俏俏等药品品牌，还建立了包括金口健、日子、养元青、朗健、采之汲等个人健康护理产品和品牌，以及白药养生、千草堂、千草美姿、豹七、天紫红等原生药材和大健康产品品牌。一方面，这些品牌建设获得了极大的成功，云南白药在 Interbrand、Brand Z、胡润等发布的中国品牌价值排行榜中，持续稳居行业第一；另一方面，系列化也带来了巨大的经济效益。2018 年，云南白药集团营业收入达 267.08 亿元，从 1999 年到 2018 年增长近 115 倍，年复合增长率达 28.38%[267]。

(4) 市场化

市场化是对现有品牌的维护和推广，以扩大品牌的影响力，提升品牌的经济价值。一方面，通过品牌建设和运作，对市场占有率高、技术含量高、附加值高的中药产品，积极培育和催生新的品牌，打造具有影响力的国内和国际中药大品牌；另一方面，搭建招商引资平台，积极扶持以中药品牌建设为重点的行业协会、龙头企业、中药材专业合作社等品牌建设主体，促进品牌企业向集团化、跨国化发展，促进中药产业整体实力的提升，形成品牌化发展，提升中药产品在国内外市场的知名度和影响力。

甘肃省在中药材品牌群建设方面成效突出，例如，中药商业方面，甘肃现有 6 家中药材专业市场，拥有千吨以上的现代仓储物流企业 23 家，仓储品种 320 多个，静态仓储能力 30 万吨，中药材周转仓储能力 100 万吨以上，吸引了广药集团、千金药业、中国药材公司等众多国内知名企业建立了仓储中转基地,是我国"南药北储、东药西储"的天然仓库。陇西已经发展成为仅次于安徽亳州的全国第二大中药材专业批发交易市场,药材交易量占全国交易总量的20%以上,年交易量100万吨,交易额90多亿元,其中一些道地药材如大黄、板蓝根、甘草、柴胡、当归等品种的交易量占全国的50%以上。同时,甘肃省目前已建成"西部药都·网上陇西""中国当归网""惠森药业""甘肃道地中药材信息网""中国药都""药世在线"等中医药专业网站13个、中药材货运中介组织44个、专业协会组织14个,发展运输专线30多条,运销网络遍及全国各地,年输转能力32万吨,占全省中药材总产量的70%以上。通过当地医药流通企业,甘肃产黄芪、当归、纹党、党参、红芪、甘草等道地药材形成良好的品牌效应,产品大量销往东南沿海的广州、深圳、上海、香港、澳门等地,并转销新加坡、马来西亚、泰国、日本、韩国及欧美等国际市场。未来,面对可持续、高质量发展要求,甘肃省应当加大一些工业企业、工业产品品牌建设,在现有知名的兰州佛慈、奇正藏药、独一味等上市企业基础上,建立起支撑全域化、层次化、系列化、市场化的品牌群。

2. 培育新业态

中药产业可以充分发挥自身成长性、关联性强的特征,既要促进中药农业、工业、商业的产业链内部融合,又要加快做好中药与养生养老、文化旅游、体育休闲等相关产业的外部融合,以及与健康小镇、体育小镇的一体化融合,拓展中医药健康服务新业态,形成融合和专业化发展路径。这些对调整和优化中药产业经济结构、推动产业升级和业态创新具有重要价值,能够带来新的产品和新的效益。

(1)内部化融合

内部化融合是产业链延伸型融合,即中药企业在已有经营的基础上,向前、向后延伸产业链,延展产业市场及产品应用等多元化发展空间。例如,通过横向延伸增加中药产业链的长度,可以加快建立完善的中药产业链条,前向延伸就是建设种子种苗繁育基地,提高资源保障能力,向后延伸就可以发展更多的新产业、新业态。或通过纵向拓展来增加中药产业链的宽度,如中药材种植中,可拓展至林下种植、野生栽培、工厂化种植、立体化混合种植;中药工业生产中,可强化产品开发,尤其是中药大品种二次开发,丰富产品类型,拓展产品用途;市场销售中,增加销售渠道,拓展销售形式等。

实践中,多以中药工业企业向前延伸至中药农业,开展中药材种植或以定制的方式参与中药农业经营。向后则延伸至中药商业和中医药健康服务业,提供产品销售和服务,形成对整个中药产业链的融合。这种融合有利于整合产业链资源,打造中药全产业链,对于保证中药材在选种、育苗、栽培、管理、采收、初加工等环节的质量、进行技术推广和品牌建设均具有积极的作用。

(2) 外部化融合

外部化融合是跨行业合作型融合或借助外部技术力量推动产业的变革和发展。跨行业合作型融合是中药企业是强化中药产业与相关产业的关联度,与其他非医药领域行业之间的协同、合作、联动及一体化发展,如实施"中药+"战略,促进中药产业向其他行业渗透和延伸,推进中药产业与文化、旅游、养生、养老、体育、休闲等产业的渗透型、重组型、延伸型融合对接,带动相关产业发展,催生新产品、新技术、新工艺,诞生中医药健康服务等新的业态和产品,如中兽药产品、中药日化产品、功能性食品等,满足新需求,形成多业态交互融合的大中药产业格局。如北京同仁堂(集团)有限责任公司,除制药业以外,向零售商业和医疗服务业拓展,拥有药品、保健食品等六大品类,2600余种产品,为企业创造了更多的效益。

借助外部技术力量推动产业的变革和发展多是将现代科技融入产业。如中药产业同互联网相结合,利用现代信息技术工具促成产业新业态的形成和发展,提升中药产业的规模化水平和产业市场竞争力,形成新的商业形态,利用智能化技术改造升级产业发展模式,形成智能化工厂和车间,以及中药农业与休闲产业、旅游产业相融合,形成田园综合体的新业态,中药工业同其他产业融合,形成中兽药、中药化妆品制造产业等。

(3) 一体化融合

一体化融合是以中药产业集群为依托,以中药产业的创新化发展为目标,辐射周边地区,带动城镇、社区的共同发展。实施主体为中医药产业园区、以中医药健康产业为特色的健康小镇等,其着眼于中药产业链整体竞争力的提升,强调加快中药产业链的整合,打造优势产业带,促进中药产品的生产、加工销售、服务的一体化发展,在自身产业发展的同时,也在本地区的经济社会发展中发挥引领作用,产生推动效应,形成产业融合、产城融合。

健康小镇、中医药特色小镇是中药一体化融合的典型表现。一些城镇依托本地自然生态和中医药资源,建设中医药医养保健综合体,发展集中药材种植、健康养生、观光于一体的生态园区,形成医疗、保健、养老、养生等新业态,带动周边地区的健康养生、养老服务产业,满足多元化的健康需求。或依托旅游快速通道,充分利用众多的名胜古迹、温泉、酒店、度假村等旅游资源,将其与中药材种植基地、药用植物园、中药企业等中药资源相结合,建设中医药健康旅游综合体。或建立若干个中医药科技馆、科普馆、标本馆等具有地域特色的中医药文化科普综合体,培育中药文化科普创意产品和文化精品,展示和传播中医药历史文化、炮制技艺文化、饮食文化、非遗文化,实现了中医药健康服务业一体化。或建设一批与中药材种植、中药科技农业、体育赛事、田园风情生态休闲等活动相结合的中医药特色浓郁的体验和观赏基地，打造中医药体育休闲综合体等，都极大地促进了中药一体化融合发展，形成"产城一体化"协同发展格局，带动了经济和社会的全面发展，也培育了中药产业链长度、丰度、宽度和关联度。

3. 建设核心圈

建设核心圈是打造基地、园区、中心，培育产业集团、产业发展平台，实现中药产业的组织化、规模化和集聚化发展，全面提升中药产业链的专业化水平。

以核心圈为基础的增长极是一种重要的产业成长和发展模式，核心圈是产业发展走向成熟的结果，其构成产业的集聚中心，促进产业资源的集中配置和有效利用，并成为产业创新和技术应用源头，进而向外部扩散，带动产业发展壮大。

产业核心圈主要是以空间特征来显现的，而我国中药产业在空间分布上较为零散，产业链各环节也缺少空间和技术上的关联，存在核心圈的缺失。中药农业基地的规模化不足，中药初加工也远离中药材种植基地，集群化的中药产业园区也甚少。目前中药产业核心圈主要还是围绕市场中心所形成的商业圈，包括安徽亳州、河北安国、江西樟树等在内的17家中药交易市场，其以中药流通企业为主体来带动周边地区中药材种植和加工业的发展，属于典型的市场带动型，在促进我国中药产业发展上占据重要地位。除了这种商业核心圈外，我国中药产业迫切需要从组织化、规模化和集聚化的角度来强化核心圈建设。

（1）组织化

中药产业的市场供给主体存在多、小、散的特征，经营能力不足。而深化供给侧结构改革，提升供给水平，必须从供给源头出发，培育好市场供给主体即企业。因而应鼓励发展中药产业合作社、产业发展联盟、行业协会、中介机构等各类组织。积极培育大型企业集团，引导和促进中药资源向优势企业集中，形成有竞争力的龙头企业，发挥产业带动作用。对规模小、效益差的中药企业，通过引进战略投资者，采取兼并或重组的方式，实现资源的优化配置。进一步加大招商引资力度，创新招商引资方式，积极引进国内外重大产业项目，以项目运营的方式带动本地中药企业成长。

（2）规模化

规模化既有利于中药产业顺利实施统一规范化经营，又能满足日益增长的市场需求。我国中药产业集中连片的种植较少，中小企业居多，经营分散，增加了实现机械化、自动化的难度，提高了生产成本和运输成本。需要提升产业规模化水平、行业集中度，以满足标准化规范操作及高质量发展要求。

例如，甘肃省中药材种植面积和产量长期居于全国第一，全省中药材种植面积为460万亩，产量达75.94万吨，建有一批中药材规范化生产基地，道地品种规模化种植优势非常明显,并呈现规模化发展的势头,形成了特色鲜明的四大优势道地产区。

(3)集聚化

集聚化发展是指集中于一定区域内的众多具有分工合作关系的企业、机构等主体所构成的空间集合体,其具备信息互通、资源共享、成本节约、优势互补的集群效应,是当今世界经济发展的典型趋势。

中药产业的集聚化发展应着重于推动中药种植业的基地化、中药工业的园区化、中药商业和中医药健康服务业的中心化,以及构筑科技平台集群和人才团队集群,为中药产业提供强有力的支撑条件。

5.4 案例:"十大皖药"高质量发展优化路径选择及实施

以安徽省的"十大皖药"为例,对中药产业高质量发展优化路径进行分析,为中药企业提供高质量发展优化路径的最佳实践。

5.4.1 "十大皖药"简介

安徽省拥有优质的地理环境资源、丰富的中药材品种资源和悠久的历史文化资源,为中药产业发展奠定了资源基础。全省积极推动中药材绿色种植,推进皖北家种中药材生产专业化、皖西大别山特色中药材生产专业化和皖南山区中药材生产专业化,形成稳定的中药农业发展态势。安徽省亳州市拥有全国最大的中药饮片产业集群,中药饮片初加工、中成药生产的中药工业也渐成体系。亳州中药材市场是全国最大的专业交易市场,中药商业发展迅速。以"北华佗·南新安"为主题的中医药健康服务业正快速推进。目前,安徽省仍属于中药资源大省,而不是中药产业强省,同样在优化路径的选择及实施上适宜采取对应的行动。

因此,为充分借助中医药振兴发展的历史战略机遇,加快中药材从资源优势向经济优势转化,利用药材资源优势建设产业示范基地,打造特色道地药材品牌,促进道地皖药种植、生产、加工等领域的规范化管理和高质量发展,提高中药材资源综合开发利用能力,安徽省分批次遴选出有规模、有特色、有市场,《本草纲目》有记载,临床有共识的大品种、大产量、大品牌的霍山石斛、灵芝、茯苓、亳白芍、黄精、宣木瓜、丹皮、菊花、桔梗、断血流、天麻、葛根、太子参、宁前胡、百蕊草 15 个品种,统称为"十大皖药",在此基础上,认定 82 家产业示范基地及 119 家企业为"十大皖药"建设单位。

5.4.2 "十大皖药"现有路径分类

依据中药产业链组成环节,对"十大皖药"经营企业的现有发展路径进行分类,由于很多企业可以归入多种发展路径类型,这里选取其最主要的产业链环节进行数量统计,结果如表 5.7 所示。从中可发现,119 家企业中,69 家属于资源型发展路径,占总数的 57.98%,表明目前"十大皖药"多是依赖中药材资源、以中药材种植为主的资源型路径,而加工型、专业市场型、融合型、全产业链型发展路径占比较低,分别为 14.29%、12.61%、5.04% 和 10.08%,印证了前文所揭示的我国中药产业化开发不足、产品单一等结论。

表 5.7 "十大皖药"经营企业数

现有路径	霍山石斛	丹皮	黄精	亳白芍	宣木瓜	菊花	灵芝	茯苓	葛根	断血流	桔梗	天麻	太子参	宁前胡	百蕊草	合计
资源型	10	3	11	3	4	5	8	5	4	0	3	8	2	3	0	69
加工型	1	1	1	3	0	3	8	0	0	0	0	0	0	0	0	17
专业市场型	0	2	4	2	1	0	3	1	0	1	0	0	0	0	1	15
融合型	1	1	3	0	0	0	0	0	1	0	0	0	0	0	0	6
全产业链型	1	1	2	1	2	2	2	0	1	0	0	0	0	0	0	12
合计	13	8	21	9	7	10	21	6	6	1	3	8	2	3	1	119

尤其在融合发展上,占比最低,反映出目前"十大皖药"产业融合发展路径较窄,多是在一、二、三产业间的联合,属于产业链内部融合,缺少集聚化融合发展、跨产业融合发展,尤其是受整个产业发展水平的制约,普遍缺乏与技术的融合、与城镇一体化发展的融合;融合的层次较低,多是由一个企业牵头数家相关企业共同建设,但在基地建设和运营的过程中,融合的层次基本上是处于数家企业之间的临时性合作,普遍缺乏长期合作、优势互补、联动发展的资源共享、责任担当和利益分配机制,相互之间缺乏协议约束;融合深度不够,多局限在种植领域,体现在产品与技术单一,多是销售中药材,研发创新能力薄弱,以及产城一体的共赢上存在诸多的空缺,企业迫切需要现代管理和科技的融入。

从单个品种来看,企业数占据前列的为黄精、灵芝、霍山石斛、菊花,其均达两位数,意味着产业发展相对成熟。而其余的 11 个品种在产业发展,尤其是高质量发展上还有相当的距离。

5.4.3 "十大皖药"高质量发展优化路径分析

从每个现有路径中选取 1 家代表性企业,对其高质量发展优化路径展开分析,如表 5.8 所示。

表 5.8 "十大皖药"高质量发展优化路径

序号	企业	核心产业或产品	现有路径	典型问题	优化路径
1	宣城市金泉生态农业有限责任公司	太子参	资源型	品种退化较为严重,新品种的突破存在难题	绿色种植-科技专业型路径、绿色种植-品牌引领型路径
2	安徽九方制药有限公司	葛酮通络胶囊	加工型	新药研发	科技-品牌支撑型路径
3	宁国通济中药材销售有限公司	宁前胡	专业市场型	市场及产品质量的稳定性、品牌建设	科技-品牌支撑型路径、绿色种植-品牌引领型路径
4	宣城华科宣木瓜生物科技有限公司	宣木瓜	融合型	一、二产之间联系松散;缺乏核心产业或产品	绿色种植-品牌引领型路径
5	黄山仙寓山农业科技有限公司	黄精	全产业链型	生态环境保护、种质资源保护、品牌建设	绿色种植-科技专业型路径、绿色种植-品牌引领型路径

宣城市金泉生态农业有限责任公司以太子参种植为主业,是典型的资源型发展路径,这种发展路径面临的主要问题是品种退化较为严重,新品种的突破存在难题。因而,向绿色种植-科技专业型路径、绿色种植-品牌引领型路径进行优化是迈向高质量发展的必由之路,与科技的组合路径可以解决品种退化问题,与品牌的组合可以扩大市场规模,带来种植规模的扩大和产业集聚化发展,形成产业的横向增容。

安徽九方制药有限公司是生产大品种中成药葛酮通络胶囊的中药制药企业,中药材葛根是其主要原料成分,属于典型的精深加工型发展路径,其面临的主要问题是创新药研发。因而,应向科技-品牌支撑型优化路径发展,将科技运用到葛根的规范化和标准化种植、葛根成分提取的工艺创新、品牌的科技品质提升等领域,培育研发能力,形成以科技创新带动中药材种植、中成药生产、中医药健康服务为一体的高质量发展态势。

宁国通济中药材销售有限公司的业务,主要以宁前胡销售为主、以宁前胡种植为辅,属于典型的专业市场型,依靠自身品牌建立起较强的竞争力,目前存在的主要问题是市场和产品质量的稳定性以及品牌建设,而市场的不稳定性又是由产品质量问题所导致,并对品牌建设带来不利影响,高质量发展迫在眉睫。依托现有路径基础,向科技-品牌支撑型路径、绿色种植-品牌引领型路径优化应是其最佳选择,既能够提升品牌的科技价值,又能够将绿色种植所获得的优质中药材与品牌相融,从而带来市场拓展及产业的纵向延伸和扩容。

宣城华科宣木瓜生物科技有限公司负责人自幼热爱中医,并以师承方式学习中医,属民间中医药传承人,在种植宣木瓜的同时,将其加工成宣木瓜食品、饮料等健康产品,以及将自身的中医知识与中药融为一体,为社会提供服务,企业属于以中医药大健康为主业的融合型发展路径。但目前也同样存在明显的问题,即种植规模与加工能力不足、缺乏核心产品、中医药健康服务的产业带动能力不强等,宜加快向绿色种植-品牌引领型优化路径发展,将中医药事业与产业紧密结合,注重绿色种植,保证宣木瓜品质,进而与中医药健康产品的品牌形成互促,形成专业化发展。

黄山仙寓山农业科技有限公司,拥有大面积的黄精育苗和种植基地、一定规模的加工车间、多系列品牌的黄精健康食品和多渠道销售网络,属于典型的全产业链型发展路径。但也面临生态环境和种质资源保护不够、加工能力不足、系列品牌的市场竞争力较弱等问题。选取绿色种植-科技专业型、绿色种植-品牌引领型优化路径是其改变弱小状态、做大做强、迈向高质量发展的必须之举。通过科技创新实现绿色种植以及通过仿野生、林下等绿色种植提升产业科技应用水平,加大品种及种植技术研发力度、产品研发力度,将科技与品牌组合进一步提高健康产品的科技含量及品牌价值,通过品牌的培育和建设进一步推动产业的集聚化、集约化发展,促进产业链延伸、拓展,提升产业链的辐射和带动能力,与旅游业、餐饮业紧密结合,形成产业合作互补需求,共同实现高质量发展。

本章小结

本章针对中药产业高质量发展驱动因素及作用机理的前续研究,构建了理论分析模型,采用适合多因素组态分析的 QCA 方法,探寻了中药产业高质量发展的主要优化路径,与现有路径类型进行了对应比较,提供了相应的优化路径选择对照,并提出相应的各优化路径的具体实施策略,同时选取了有代表性的典型案例进行实践检验。

本章研究得到如下结论:

① 通过对31个省市中药产业相关数据采用csQCA分析,根据表5.4和表5.5,得到4种组态。依次为:组态1,"KJ"科技创新组态;组态2,"~LS*KJ*PP*~ZY""~LS*KJ*PP*~RH"科技与品牌组合组态;组态3,"LS*KJ*~PP*ZY"绿色种植与科技的专业化组态;组态4,"LS*~KJ*PP*RH*ZY"绿色种植与品牌的融合和专业化组态。② 根据各组态核心条件以及边缘条件的不同,基于中药产业发展路径现状,结合中药产业特征,可以将4种组态划分为3条优化路径,分别为科技-品牌支撑型路径、绿色种植-科技专业型路径、绿色种植-品牌引领型路径。③ 当前中药产业发展路径,对应于3条优化路径进行升级和完善,加之我国幅员辽阔,各地资源及发展水平存在差异性,拥有不同资源禀赋和处于不同产业发展阶段的地区,可以选择相应的优化路径,从而促进中药产业高质量发展;④ 不同的优化路径有多种实现策略,结合五大驱动因素的具体构成,需要与中药产业发展相关的包括企业、政府、高校、科研院所、行业中介等各类组织,共同采取措施,共同促进中药产业高质量发展目标的实现。

第6章 中药产业高质量发展优化路径的保障措施

中药产业高质量发展优化路径的实现,离不开相关措施的引导、支持和保障,其中最为主要的就是政策法规的保障。本章在对当前我国中药产业相关政策法规内容进行调查的基础上,提出促进中药产业高质量发展优化路径实现的主要保障措施。

6.1 基于多重驱动因素的中医药政策调查

依据中药产业链内涵,分别以"中医""中药""卫生""健康"为标题检索词,利用北大法宝数据库,查询中医药相关政策,采集时间范围遵循以下要求,即:2016年2月22日,国务院印发指导此后15年中医药事业发展的纲领性文件《中医药发展战略规划纲要(2016—2030年)》,自此,中医药发展上升为国家战略。同时,2016年也是"十三五"起始之年。为此,将中医药政策法规现状采集的时间范围定为自2016年至2022年,结果如表6.1所示。

表6.1 "十三五"时期以来我国的中医药相关政策

政策法规序号	政策法规名称	发布部门	实施日期
(1)	中华人民共和国中医药法	全国人大常委会	2017.07.01
(2)	中药材生产质量管理规范	国家药监局 农业农村部 国家林草局 国家中医药局	2022.03.17
(3)	"十四五"中医药发展规划	国务院办公厅	2022.03.03
(4)	关于加快中医药特色发展的若干政策措施	国务院办公厅	2021.01.22

续表

政策法规序号	政策法规名称	发布部门	实施日期
(5)	中药品种保护条例(2018修订)	国务院	2018.09.18
(6)	关于促进"互联网+医疗健康"发展的意见	国务院	2018.04.25
(7)	关于促进中医药传承创新发展的意见	中共中央 国务院	2019.10.20
(8)	关于支持社会力量提供中医医疗和健康服务的意见	国家中医药管理局	2017.10.23
(9)	中药材产业扶贫行动计划（2017—2020年）	国家中医药管理局 国务院扶贫办 工业和信息化部 农业部 中国农业发展银行	2017.08.01
(10)	"十三五"卫生与健康规划	国务院	2016.12.27
(11)	"健康中国2030"规划纲要	中共中央 国务院	2016.10.25
(12)	中医药发展"十三五"规划	国家中医药管理局	2016.08.10
(13)	关于促进医药产业健康发展的指导意见	国务院	2016.03.04
(14)	中医药发展战略规划纲要（2016—2030年）	国务院	2016.02.22

基于前述分析结果，将绿色化、科技化、品牌化、融合化和专业化5个驱动因素作为一级指标，各影响因子作为二级指标，统计表6.1政策法规文本中相应的各因素频数及内容表述，从中找寻现有中医药政策在保障中药产业高质量发展优化路径的实现中所应弥补的保障措施。其中，品牌化和融合化在现有的中医药政策法规中并未出现细分指标，所以，将其归为品牌化和融合化。频数统计结果如表6.2所示，至于各因素具体内容，则均为宏观定性表述，而且各政策法规之间并无实质性差异，频数统计能够揭示保障措施的缺失项，因此在此略去各因素具体内容的分析。

表 6.2 中医药相关政策中的驱动因素频数

政策法规序号	绿色化				科技化		品牌化			融合化			专业化			合计
	生态化	规范化	标准化	集约化	平台化	技术化	全域化	层次化	系列化	市场化	内部化	外部化	一体化	组织化	规模化	集聚化	
(1)	1	7	10	0	0	39	0				0			1	2	0	50
(2)	19	21	35	2	0	45	0				0			1	1	0	124
(3)	1	5	5	0	9	13	3				0			0	2	2	40
(4)	1	1	6	1	0	17	2				0			0	1	1	30
(5)	0	0	4	0	0	0	0				0			0	0	0	4
(6)	0	5	8	0	14	14	0				0			0	0	0	41
(7)	2	4	8	0	4	10	0				0			1	0	0	30
(8)	0	3	3	0	2	11	8				2			0	3	3	35
(9)	2	2	2	0	6	8	2				4			1	0	0	27
(10)	1	2	8	0	9	24	1				1			0	0	1	47
(11)	1	0	0	0	0	0	0				0			0	0	0	1
(12)	4	10	20	0	9	22	6				8			2	0	0	81
(13)	3	15	20	3	11	40	6				4			2	7	4	115
(14)	4	5	25	0	3	26	2				1			1	0	0	67
合计	39	80	154	6	67	267	30				21			9	16	11	700

6.2 相应保障措施

由表 6.2 可知,绿色化、科技化、品牌化、融合化和专业化的频数分别为 279、334、30、21、36,占比分别为 40%、48%、4%、3%、5%,表明科技化是最为重视的政策,其次是绿色化发展,而品牌化、融合化和专业化发展的政策非常缺失,绿色化、科技化、品牌化、融合化和专业化政策内容之间的占比相差较大,意味着中药产业链各环节的政策保障措施存在不均衡的现象,产业链各环节运行无法形成有效协同,对中药产业高质量发展难以构成体系化的力量。

因此,应重点在品牌培育和建设、融合激励、专业化促进等方面出台可执行的政策措施。结合问卷调查及访谈所获得的资料,目前,这三个方面最需要供给和完善的保障领域是资金、土地、人才、政策机制,这些领域被中药企业提及最多。其中,资金、土地举措可以为专业化发展提供支持,人才举措可以为品牌化、融合化发展提供支持。

6.2.1 拓展多元化的融资渠道

现实中,中药产业发展资金来源相对单一,从事中药产业的组织多为民营组织,而中药产业尤其是中药材市场的波动性较大,存在较大的风险,现代金融服务体系存在不足,导致中药企业在资金获取上难度较大,融资成本较高,融资渠道狭窄,制约了中药产业的高质量发展。

(1) 拓宽资金来源渠道

加强"扶持促进"和"税收制度"等激励类政策工具并逐步形成体系化,将中药材种植、中药产品纳入各类保险和补贴范围,提高报销和补贴比例,扶强补弱,促进资源配置效率和效益的最大化。通过税收鼓励政策,包括允许新药纳入医保报销体系,或者在一定时期内实行税收减免等政策,扶持科技型中小企业的发展。大力支持投资基金、保险资金、金融机构、现货经纪公司等进入中药产业,建立起包括政府、企业、社会资本在内的多元化的中药产业投融资体系,多渠道鼓励社会资金和民间资金的投入,设立中药产业发展专项资金,每年给予一定数额的财政资金扶持。

(2) 建立中药材储备资金

当中药材市场价格低于保护价格时,启动使用中药材储备资金,对药农予以差价补贴,从而稳定市场价格,确保中药材种植农户的稳定收益。另外,优化资金使用管理,进一步开拓中药企业利用资本市场融资的通道,将各级政府、各部门投资的农村、农业等各项资金,在保证原有使用渠道和用途的情况下,实行集中管理,捆绑使用,以实现优势互补,形成合力,服务于中药产业高质量发展。

6.2.2 满足中药产业用地需求

中药产业不同于化学制药和生物医药产业,作为中药产业源头的中药农业依赖于土地资源,并且中药工业等产业链条各环节,更需要土地要素的扶持才能做大做强。实践中,由于生态环境恶化、城乡建设用地需求增加等影响,土地资源急剧减少,导致中药产业高质量发展面临着严峻挑战。

(1) 做好土地资源保护

做好现有生态环境和土地资源的保护,谋划中药产业高质量发展与生态环境保护的整体性战略,为中药产业专业化发展创造更大的发展空间,对珍稀、濒危中药材的野生地、适种地,实行红线保护制度,保障中药产业高质量发展及时落地,对中药产业所需用地指标予以优先保障,做到应保尽保。

(2) 提升土地利用效率

构建一体化的土地利用与管理协作机制,坚持集约用地,采取出租、转让、入股等多种方式盘活土地资源,优化中药产业时空布局。因地制宜实施土地效率提升策略,以期通过土地资源的高效利用推进中药产业高质量发展;扩大用地供给,地方各级政府要在土地利用总体规划和城乡规划中,充分考虑到中药产业的特点,创新用地模式、加强用地保障,优先安排、主动对接中药产业用地新需求。

6.2.3　优化专业人才队伍建设

中药产业涉及诸多领域,覆盖面广、产业链长,产业融合跨界特征突出,伴随经济及科技的发展,需要持续优化、培育和壮大服务中药产业高质量发展的专业人才队伍。

(1) 优化人才队伍

中药新业态、新产品,急需药材种植、中药炮制、商业策划、品牌经营、营销、技术创新等综合性人才,人才队伍短缺的制约因素日益凸显,人才评价、考核体系和人才成长环境等方面还不符合中药人才成长规律,不少从业人员的学历结构、专业知识与技术等均难以符合中药产业发展的要求,迫切需要建设多学科、跨领域、产学研用相结合的人才队伍,完善教育、培训、开发"三位一体"的人才培养模式,形成院校教育、毕业后教育、继续教育三个阶段有机衔接、师承教育贯穿始终的中医药人才终身教育体系。

(2) 注重人才培养

依托中医药高等院校健全人才联合培养机制,加快专业人才培养,吸引高等院校优秀毕业生加入中药产业队伍中。建立在职培训制度,以中药企业为主体,加大对中药企业员工的技能培训力度。支持科研人员、科研机构对中药生产企业和生产基地的对口帮扶,促进中药产业发展,完善人才培育机制。充分发挥中药种植"乡土"人才和销售经纪人的作用,努力建设多学科、跨领域、产学研用相结合的人才队伍。

6.2.4　建立健全政策运行机制

良好的政策运行机制也是保障政策落地的重要一环,中药产业高质量发展需要建立健全行政管理体系、创建公共服务平台和完善宣传机制。

(1) 建立健全行政管理组织体系

中药产业涉及面广,中药产业链各环节牵涉众多的管理部门,从药材种植、生产制造、新药研发、流通销售到售后服务等环节,涉及农业、林业、经信、科技、药监以及中医药管理等部门,存在多头管理的情况,牵涉多个部门的管理职权,行业管理分散。

管理资源重复建设和匮乏的状况并存,如在检验检测领域,多个部门均建有检测中心,导致资源的浪费,又缺少第三方监管机制,使得中药产品质量仍然难以得到保障。

在缺乏严格的沟通和协同约束机制下,多头管理往往造成职能分散,各部门之间条块分割,难以形成合力。制定的政策难以协调一致,甚至产生管理真空地带,产生问题后也难以明确责任主体,不仅带来管理职能上的重叠和管理成本的浪费,而且粗放的产业管理模式更制约了专业化发展。

针对中药产业多头管理的问题,各级政府可以组建一个强有力的机构负责整个产业发展的政策制定、宏观指导、部门协调和组织推动工作,建立健全行政管理组织体系。

(2) 健全公共服务

健全法律、金融等公共服务,提供中药产业创业风险资金,建设孵化器,提升相关政策的透明度和政府运作效率,为中药产业链的配套与完善、市场容量的扩充、人才的聚集创造良好的软硬件发展环境。

鼓励发展中药产业合作社、中药产业发展联盟、中药行业协会等各类组织。充分发挥行业中介机构的组织和桥梁纽带作用,推动中药产业系统中各行为主体开展合作交流、提供法律咨询与法律服务,提升中药产业发展的组织化水平。

(3) 完善宣传机制

充分发挥传统媒体、新媒体、自媒体的作用,汇编中药资源大典,发布道地药材目录,建立健全宣传推广体系和常态机制,科学解读中药行业政策,提高消费者对中药产业的认知度和美誉度,有意识地将中药产业发扬光大。

本章小结

本章从保障性措施方面阐述了中药产业高质量发展优化路径的具体对策,包括扩充资金来源、强化土地保障、优化人才队伍建设和健全政策运行机制四个层面。这些措施破解了中药产业高质量发展路径诸多现实困境和瓶颈难题,正成为推动中药产业高质量发展优化路径实施的动力维持和强力支撑。

第 7 章 研究结论与展望

本章基于中药产业发展现有路径评析、中药产业高质量发展驱动因素识别、中药产业高质量发展优化路径分析,对全书进行总体归纳,阐明研究结论,并对未来研究提出展望,围绕本课题将会开展持续跟踪研究。

7.1 研究结论

本书根据高质量发展、产业高质量发展分析框架,搭建了基于中药产业链的理论视角及分析过程的中药产业高质量发展优化路径研究体系,在描述我国中药产业发展现有路径分类的基础上,对路径现状中的问题进行了诊断和评析,得出中药产业高质量发展的必要性和可行性;进而依据问题评析结果设计调查问卷和访谈提纲,探讨了中药产业高质量发展的驱动因素;根据驱动因素建立理论模型,运用 QCA 方法研究了中药产业高质量发展的优化路径,并且从实施策略和实践案例上对中药产业高质量发展优化路径进行了验证,为我国中药产业高质量发展的路径选择确立了较为成熟的范式;最后,明确了资金、土地、人才、政策机制的保障性措施,为中药产业高质量发展优化路径研究,提供了从理论到实践的统筹推进方案。

主要结论有以下几点:

(1) 当前中药产业有五种主要发展路径

我国虽然拥有中药产业发展较好的基础条件,但是在实践中,依据从产业链的整体层面和各构成环节层面分析,可以发现我国中药产业发展主要有五条路径,即资源型路径、加工型路径、专业市场型路径、融合型路径、全产业链型路径,并且基本对应于中药农业、中药工业、中药商业、中医药健康服务业、中药全产业链的发展业态。以高质量发展目标来衡量,每条路径均存在众多较深层次的问题,主要表现在:中药资源的保护与开发力度不够,中药材生产方式较为落后,产业运营效率低下,产业创新能力不足,品牌建设滞后,融合度低,产业链延伸和拓展不足、联系不紧密、产业结构不合理,行业管理分散等。因而,导致中药产业发展缺乏足够的竞争力,与化学、生物药业发展水平相比差距较大。

(2) 中药产业高质量发展是多重驱动因素作用的结果

根据中药产业发展路径中存在问题的研究结论,得出中药产业高质量发展的必要性和可行性,进而利用扎根理论方法和问卷分析,对中药产业发展的驱动因素进行了识别和实证检验,发现中药产业发展是多重因素驱动作用的结果,绿色化、科技化、品牌化、融合化、专业化是驱动中药产业发展高质量发展的五大因素,其贯穿于中药全产业链的各环节与领域,并且互为影响,共同作用于中药产业的高质量发展,这为优化和完善中药产业高质量发展路径指明了具体的方向。

(3) 不同地区可以选择适宜的中药产业高质量发展优化路径及范式

基于影响中药产业发展的五大因素,并且考虑到各因素相互依赖、相互作用,对中药产业发展形成复杂关联的综合影响,得出 4 种组态,依次为:组态 1,"KJ"科技创新组态;组态 2,"~LS * KJ * PP * ~ZY""~LS * KJ * PP * ~RH"科技与品牌组合组态;组态 3,"LS * KJ * ~PP * ZY"绿色种植与科技的专业化组态;组态 4,"LS * ~KJ * PP * RH * ZY"绿色种植与品牌的融合和专业化组态。形成科技-品牌支撑型、绿色种植-科技专业型、绿色种植-品牌引领型 3 条优化路径,在此构建的中药产业高质量发展优化路径,既是具体的实践方案,又是中药产业高质量发展的具体规划和应用设计。

对应于中药产业当前的路径,可以选择相应的优化路径提升中药产业发展质量。另外,基于中药产业链分析,可知我国很多地区拥有发展中药产业所需的优质地理环境资源、丰富的中药材品种资源和悠久的历史文化资源,在发展中药产业上,具有生产要素、需求条件、相关产业支撑、政策扶持等多方面的特色和优势,中药产业高质量发展的基础条件良好。因而,各地应该充分利用现有的优势,依据中药资源禀赋差异,将中药产业作为区域经济高质量发展的支柱或主导产业之一,选择相应的优化路径,推动中药产业高质量发展。

(4) 中药产业高质量发展亟须资金、土地、人才、政策机制的保障

依据问卷调查和访谈,得出未来中药产业需要从资金、土地、人才、机制方面进行保障措施的完善,以此形成参与多元、协同高效的中药产业高质量发展的治理格局。

7.2 研究展望

受到中药产业自身特点及发展水平的制约,当前对中药产业的研究不多,

相关专业期刊及文献较少。另外,中药产业的相关数据尚未纳入统计制度之中,数据难以获取,不同机构提供的数据差异较大,在一定程度上制约了本书研究深度及量化研究方法的应用。未来,将克服本书研究的不足,在中药产业高质量发展的理论上、中药产业高质量发展的应用实践上以及评价方面继续进行更为深入的探讨。

(1) 中药产业高质量发展的理论研究

中药产业有其自身的特殊性,仍然需要更多的理论支持,未来将进一步对现有的理论进行整合,在已有理论的基础上进行创新,并力求拓宽理论视角,赋予中药产业高质量发展更高、更广和更深的学术视野,理论研究需要加强。

(2) 中药产业高质量发展的评价研究

在评价指标的确立上、评价方法的完善上进一步加强研究,对不同地区、不同中药品种的产业发展进行区分研究,促进对中药产业高质量发展的评价更具科学性和针对性,这是未来值得思考的方向。

(3) 中药产业高质量发展的应用研究

在中药产业高质量发展优化路径建立起来后,对其应用状况进行研究,开展社会调查、实际案例和实证研究,结合中药产业发展的具体业务运营实况,来探讨整个中药产业高质量发展,在此领域展开更多的跟踪研究,加强与应用层面的结合,满足研究结论的普适性和可扩展性,将是研究者深入研究的难点。

参 考 文 献

[1] Singnoi U. A reflection of Thai culture in Thai plant names[J]. Manusya:Jhss,2011,14(1):79.

[2] Metelmann H R,Brandner J M,Schumann H,et al. Accelerated reepithelialization by triterpenes: proof of concept in the healing of surgical skin lesions [J]. Skin Pharmacol Physiol,2015,28(1):1.

[3] Etges T,Karolia K,Grint T,et al. An observational postmarketing safety registry of patients in the UK, Germany, and Switzerland who have been prescribed Sativex= (THC:CBD,nabiximols)oromucosal spray[J]. Ther Clin Risk Manag,2016,12:1667.

[4] Baxter J W,Sinnott J P,Cotreau W J. The drug patent term: longtime battleground in the control of health care costs[J]. World Pat Law Prac,2003,12(5):16.

[5] ZbieRS K. Application and importance of supplementary protection certificates for medicinal products in the European Union[M]. Aachen:Shaker Verlag,2012.

[6] Peschel W. The use of community herbal monographs to facilitate registrations and authorizations of herbal medicinal products in the European Union 2004—2012 [J]. J Ethnopharmacol,2014,158:471-486.

[7] Williamson E M,Lorenc A,Booker A,et al. The rise of traditional Chinese medicine and its materia medica: A comparison of the frequency and safety of materials and species used in Europe and China[J]. J Ethnopharmacol,2013,149(2):453-462.

[8] Shikova A N,Pozharitskaya O N,Makarov V G,et al. Medicinal plants of the Russian Pharmacopoeia; their history and applications[J]. J Ethnopharmacol,2014,154(3):481-536.

[9] Wolsko P,Ware L,Kutner J,Lin C. T,et al. Alternative/complementary medicine: Wider usage than generally appreciated [J]. The Journal of Alternative and Complementary Medicine,2000,6(4):321-326.

[10] Yuan R,Lin Y. Traditional Chinese medicine: an approach to scientific proof and clinical validation[J]. Health Policy,2005,71(2):133-149.

[11] Jiang W Y. Therapeutic wisdom in traditional Chinese medicine; a perspective from modern science[J]. TRENDS in Pharmacological Sciences,2005,26(11):558-563.

[12] Feng Y,Wu Z,Zhou X,et al. Knowledge discovery in traditional Chinese medicine: State of the art and perspectives[J]. Artificial Intelligence in Medicine,2006,38(7):219-236.

[13] Wang G, Mao B, Xiong Z Y, et al. The quality of reporting of randomized controlled trials of traditional Chinese medicine: a survey of 13 randomly selected journals from mainland China[J]. Clinical Therapeutics, 2007, 29(7):1456-1467.

[14] Ung C Y, Li H, Cao Z W, et al. Are herb-pairs of traditional Chinese medicine distinguishable from others? Pattern analysis and artificial intelligence classification study of traditionally defined herbal properties[J]. Journal of Ethnopharmacology, 2007, 111(2):371-377.

[15] Flower A, Lewith G, Little P. Combining rigour with relevance: a novel methodology for testing Chinese herbal medicine[J]. Journal of Ethnopharmacology, 2011, 134(2):373-378.

[16] Kim M S, Lee D Y, Lee J, et al. Terminalia chebula extract prevents scopolamine-induced amnesia via cholinergic modulation and antioxidative effects in mice[J]. BMC Complement Altern Med, 2018, 18(1):136.

[17] Emamghoreishi M, Farrokhi M R, Amiri A, et al. The neuroprotective mechanism of cinnamaldehyde against amyloid-beta in neuronal SHSY5Y cell line: The role of N-methyl-D-aspartate, ryanodine, and adenosine receptors and glycogen synthase kinase-3beta[J]. Avicenna J Phytomed, 2019, 9(3):271-280.

[18] Ponguschariyagul S, Sichaem J, Khumkratok S, et al. Caloinophyllin A, a new chromanone derivative from Calophyllum inophyllum roots[J]. Nat Prod Res, 2018, 32(21):2535.

[19] Pranithanchai W, Karalai C, Ponglimanont C, et al. Cassane diterpenoids from the stem of Caesalpinia pulcherrima[J]. Phytochcmistry, 2009, 70(2):300.

[20] Madhura B. De S, Tewin T. The protective effect of some Thai plants and their bioactive compounds in UV light-induced skin carcinogenesis[J]. J Photochem Photobiol B, 2018, 185:80.

[21] Singhuber J, Zhu M, Prinz S, Kopp B. Aconitum in traditional Chinese medicine: a valuable drug or an unpredictable risk? [J]. J Ethnopharmacol, 2009, 126(1):18-30.

[22] Eisenkraft A, Falk A. Possible role for anisodamine in organophosphate poisoning [J]. Br J Pharmacol, 2016, 173(11):1719-1727.

[23] Ushiyama A, Akaboshi C, Ohsawa N, et al. Identification of Datura species involved in a food-poisoning case using LC-MS/MS and DNA barcoding[J]. Shokuhin Eiseigaku Zasshi, 2017, 58(2):86-95.

[24] Joseph Z. Why and how education affects economic growth[J]. Review of International Economics, 2009, 3(17):602-614.

[25] Badinger Harald. Output volatility and economic growth[J]. Economics Letters, 2009, 106(1).

[26] Bernardini-Papalia Rosa, Silvia Bertarelli. Nonlinearities in economic growth and club convergence[J]. Empirical Economics, 2013, 44(3).

[27] Barro R J. Inequality and growth in a panel of countries[J]. Journal of Economic Growth, 2002, 5(1):5-32.

[28] OECD. Towards green growth: monitoring progress OECD indicators[R]. OECD Publishing, 2011.

[29] Statistics Netherlands. Green growth in the netherlands 2015[R]. Statistics Netherlands, 2015.

[30] Dietz T, Rosa E, York R. Environmentally efficient well-being: is there a kuznets curve?[J]. Applied Geography, 2011, 32(1): 21-28.

[31] Jorgenson A K. Economic development and the carbon intensity of human well-being [J]. Nature Climate Change, 2014, 4(3): 186-189.

[32] Acemoglu D, Carvalho V M, Ozdaglar A, et al. The network origins of aggregate fluctuations[J]. Economitrica, 2012, 80(5): 1977-2016.

[33] Eggers A, Ioannides Y. The role of output composition in the stabilization of U. S. output growth[J]. Journal of Macroeconomics, 2006(3): 585-595.

[34] Khandelwal A. The Long and short (of) quality ladders[J]. Review of Economic Studies, 2010, 77(4): 1450-1476.

[35] Cai H L, Zhang N, Liu B S. Study on the evaluation method of quality index of service industry[C]//7th International Conference on Social Network, Communication and Education(SNCE). Atlantis Press, 2017.

[36] Eberhardt M, Teal F. Structural change and cross-country growth empirics[J]. The World Bank Economic Review, 2013, 27(2): 229-271.

[37] Moro A. Structural change, growth, and volatility[J]. American Economic Journal: Macro economics, 2015, 7(3): 259-294.

[38] 李正雄,杜涛.云南中药产业现状、制约因素及对策分析[J].经济问题探索,2003(6): 50-55.

[39] 唐映军,张翔宇,周训明,等.毕节市中药产业发展优势、现状及对策[J].贵州农业科学,2013,41(3):210-213.

[40] 陆铭.我国中药产业的发展现状及趋势[J].中国医药工业杂志,2013,44(2):214-216.

[41] 马爱霞,邹子健,邹健强,等.浅谈我国中药产业现代化发展评价内涵[J].中国药房,2009,20(6):1361-1364.

[42] 黄志勇,陈晓红.基于主成分分析法的中药产业市场综合绩效评价[J].财经问题研究,2009(5):52-56

[43] 吴伟梅,杜建平,任薇,等.岭南中药产业国际化进程中的问题与对策[J].按摩与康复医学,2020,11(23):84-86.

[44] 刘峥屿,牛雨霞,刘金红,等.乡村振兴战略驱动下湖南省中药产业发展问题及对策探析[J].中国医药导报,2021,18(28):4-7.

[45] 王旭东,李成学.中药产业现代化的发展环境与战略选择[J].东岳论丛,2006(2):86-91.

[46] 郝刚,冯占春.我国中药产业国际竞争力的测算与分析[J].中国卫生经济,2011,30(10):60-62.

[47] 刘颖.我国中药产业竞争力评价体系研究[D].北京:华北电力大学,2011.

[48] 宋欣阳,杨弘光,杨洁如.我国中药产业国际竞争力提升策略研究[J].国际经济合作,2020(2):44-50.

[49] 杨逢柱,冉晔.外资并购中药企业产业安全法律审查制度研究[J].商业时代,2011(14):106-107.

[50] 舒燕,巫任泽.基于因子聚类分析的中药产业上市公司竞争力实证研究[J].世界科学技术-中医药现代化,2014,16(3):490-495.

[51] 缪珊,王四旺.科学合理使用中药资源,大力推进中药产业化发展:对中药产业发展的思考[J].医学争鸣,2013,4(2):6-9.

[52] 冯国忠,罗赛男.从日本汉方药的成功看我国中药产业的发展[J].中国药房,2006(20):1526-1528.

[53] 张宏武,黄文龙.基于SWOT分析法的我国中药企业发展策略分析[J].中国实验方剂学杂志,2020,26(17):177-183.

[54] 闫希军.现代中药产业链管理系统研究:以天津天士力集团为例[D].南京:南京农业大学,2007:34.

[55] 李羿,万德光,钟世红.从中药产业链试论中药材生产[J].成都医学院学报,2008,3(4):310.

[56] 李祺,刘盈.我国中药产业链问题与成因分析[J].中国中药杂志,2010,35(16):2214.

[57] 李剑,杨明,何倩灵,等.论中药产业链的构建[J].中草药,2010,41(8):1230.

[58] 闫娟娟,冯海.产业链视角下山西中药产业发展研究[J].中国中医药信息杂志,2013,20(1):11.

[59] 李泊溪.论我国中药产业发展的战略背景与目标:中药现代化产业推进战略的若干思考[J].世界科学技术,2001,3(5):10.

[60] 李莉.我国中药产业发展问题研究[D].长春:吉林大学,2006.

[61] 吴正治.对加快发展我国中医药事业的思考和建议[J].国际医药卫生导报,2005,13:82-84.

[62] 许双庆.山东省中药产业发展对策分析[D].济南:山东大学,2011.

[63] 肖培根,赵润怀.迎接中药产业更加光辉灿烂的2012年[J].中国现代中药,2012,14(1):1-2.

[64] 李全新,郑少锋,李瑞青.中药材产业链特征及发展对策研究[J].中国农业资源与区划,2007,28(2):47.

[65] 李剑,杨明,何倩灵.论中药产业链的构建[J].中草药,2010,41(8):1230-1233.

[66] 李军德,黄璐琦,李哲,等.我国现代大中药产业链发展现状与问题[J].中国科技投资,2010(3):26.

[67] 刘贵富.产业链基本理论研究[D].长春:吉林大学,2006.

[68] 倪慧君.从价值链管理角度分析中药产业发展定位与动态升级[J].科技资讯,2005(26):101.

[69] 丰志培,常向阳.我国中药产业发展的问题与管理措施:基于产业创新理论的视角[J].科技管理研究,2009(8):6.

[70] 吕文栋,逯春明,张辉.全球价值链下构建中国中药产业竞争优势[J].管理世界,2005(4):75.

[71] 马爱霞,邹子健,符一男.我国中药产业现代化发展研究[J].中国医药指南,2011,9(33):412.

[72] 陈弘.现代中药产业竞争力与集群化研究[J].湖南中医药大学学报,2010,30(9):8.

[73] 马彦.生物医药产业价值链的整合化研究[D].上海:复旦大学,2007:110.

[74] 刘霁堂.从传统中药集散地生成现代中药产业集群[J].科技管理研究,2010(20):179.

[75] 季德,李林,王吓长,等.中药饮片产业链质量控制标准进程与展望[J].南京中医药大学学报,2020,36(5):704-709.

[76] 张雄,蒋雪莲.发挥资源优势,加强集成创新,催生四川现代中药战略性新兴产业的研究[J].软科学,2010,24(3):75-77.

[77] 肖茜,朱昌蕙,尹新玲.发挥资源、科研双重优势,提升四川中药产业竞争力[J].中国药房,2007(3):161-163.

[78] 林吉,欧阳南生,倪康.加强产学研结合,促进广东中药产业发展[J].科技管理研究,2005(9):43-44.

[79] 马英杰,吴淑梅.安国市中药产业供应链金融发展模式研究:基于农业供应链金融视角[J].黑龙江畜牧兽医,2017(2):50-52.

[80] 鲁可荣.我国西南地区中药产业发展现状、问题及发展模式分析[J].中国卫生事业管理,2008(3):171-172,177.

[81] 李振吉.中医药现代化发展战略研究[M].北京:人民卫生出版社,2009.

[82] 陈聪,于元元,胡元佳,等.基于区位商分析我国中药产业布局[J].中国中药杂志,2012,37(5):549-552.

[83] 王星丽,刘永军,焦红梅.我国中药产业集群调整策略探讨[J].中国集体经济,2011(4):57-58.

[84] 李梦琪,罗林,尚宁宁.从文化传承到产业现代化的矛盾与对策探究中药炮制现状[J].中成药,2020,42(11):2999-3003.

[85] 肖永庆,张村,李丽.实施中药饮片区域性专业化生产是中药饮片产业发展的必由之路[J].世界科学技术(中医药现代化),2012,14(6):2251-2254.

[86] 贤明华,许静,卫军营.中药产业相关团体标准发展的战略思考[J].中华中医药杂志,2017,32(4):1419-1421.

[87] 肖永庆,李丽,刘颖.制定中药饮片行业标准,促进中药饮片产业发展[J].中国实验方剂学杂志,2016,22(6):216-218.

[88] 万幼清.中药产业国际化的科技创新支持系统研究[J].商业时代,2006(22):95-96.

[89] 甘师俊.中药现代化发展战略研究[M].北京:科学技术文献出版社,1998:13.

[90] 颜学伟.对中药现代化若干问题的思考[J].中国药业,2005(4):5-6.

[91] 罗李娜,陈更新.关于中药新药开发现代化的几点思考[J].中华中医药杂志,2017(11):4798-4800.

[92] 李光耀.基于研发和市场的中药现代化战略研究[D].沈阳:沈阳药科大学,2011.

[93] 姜程曦,秦宇雯,赵祺,等.中药现代化的模式与思考[J].世界科学技术-中医药现代化,2018(8):1482-1488.

[94] 马爱霞,李勇,余伯阳.我国中药产业现代化发展的实证研究[J].产业经济研究,2011(3):88-94.

[95] 王广平.中药产业国际化进程中的影响因素分析[J].生产力研究,2009,195(10):118-120.

[96] 景佳,廖景平.我国中药产业国际化现状、问题与对策分析[J].广东农业科学,2011(1):207-209.

[97] 刘昌孝.对中药现代化及中药国际化发展的思考[J].中国药房,2016(11):1441-1444.

[98] 郝刚,冯占春.我国中药产业国际竞争力的测算与分析[J].中国卫生经济,2011,30(10):60-62.

[99] 姚新生.中药复方药物现代化规范化国际化战略的思考[J].南京中医药大学学报,2019(5):481-483.

[100] 徐顽强,邹珊刚.中药产业国际化的人力资源培养研究[J].高等工程教育研究,2004(6):48-52.

[101] 赵宏中,邹樵.基于中药产业国际化的科技创新研究[J].科技进步与对策,2005(10):69-71.

[102] 钟大辉,张大庆,栾立明.长吉图开发开放先导区中药产业集群现状及发展对策[J].江苏农业科学,2014,42(6):439-442.

[103] 张翔宇,罗昌琪,周训明.完善资源型中药产业集群[J].中国实验方剂学杂志,2013,19(12):356-360.

[104] 程雪娇,李涛,莫雪林.中药粉末饮片的传承与现代化发展概况及产业发展建议[J].中国药房,2017,28(31):4321-4325.

[105] 朱玉洁,申俊龙.中药产业循环经济研究态势分析[J].世界科学技术-中医药现代化,2019,21(4):749-754.

[106] 黄晖.运用循环经济改造中药产业发展模式的设想[J].中国中药杂志,2005(17):1321-1323.

[107] 杨东梅,刘霁堂.基于SWOT分析的广东省中药产业集群发展对策研究[J].科技管理研究,2011,31(13):78-81.

[108] 冯夏红.辽宁省中药产业发展的SWOT分析及对策[J].辽宁大学学报(哲学社会科学版),2007(6):110-112.

[109] 岳欣.国家能力与经济发展:基于经济高质量发展目标的再思考[J].经济学家,2021(1):54-62.

[110] 任保平.新时代中国经济高质量发展研究[M].北京:人民出版社,2020.

[111] 张军扩,侯永志,刘培林,等.高质量发展的目标要求和战略路径[J].管理世界,2019(7):1-7.

[112] 史丹,李鹏.我国经济高质量发展测度与国际比较[J].东南学术,2019(5):169-180.

[113] 师博,张冰瑶.全国地级以上城市经济高质量发展测度与分析[J].社会科学研究,2019(3):19-27.

[114] 魏敏,李书昊.新时代中国经济高质量发展水平的测度研究[J].数量经济技术经济研究,2018,(11):3-20.

[115] 李新安.区域创新能力对经济发展质量提升的驱动作用研究[J].区域经济评论,2020(2):65-74.

[116] 秦琳贵,沈体雁.科技创新促进中国海洋经济高质量发展了吗?基于科技创新对海洋经济绿色全要素生产率影响的实证检验[J].科技进步与对策,2020,37(9):105-112.

[117] 刘思明,张世瑾,朱惠东.国家创新驱动力测度及其经济高质量发展效应研究[J].数量经济技术经济研究,2019,36(4):3-23.

[118] 吴传清,邓明亮.科技创新、对外开放与长江经济带高质量发展[J].科技进步与对策,2019,36(3):33-41.

[119] 袁艺,张文彬.共同富裕视角下中国经济高质量发展:指标测度、跨区比较与结构分解[J].宏观质量研究,2022,10(4):95-106.

[120] 周瑾,景光正,随洪光.社会资本如何提升了中国经济增长的质量?[J].经济科学,2018(4):33-46.

[121] 范金,张强,落成.长三角城市群经济发展质量的演化趋势与对策建议[J].工业技术经济,2018,37(12):70-77.

[122] 丁焕峰,周艳霞.创新驱动视角下中国城市经济增长质量时空演变研究[J].经济问题探索,2017(8):79-86.

[123] 朱卫东,周菲,魏泊宁.新时代中国高质量发展指标体系构建与测度[J].武汉金融,2019(12):18-26.

[124] 岳敏,康磊,朱保芹.河北省经济增长质量水平的测度研究:基于和中部六省的比较[J].经济研究导刊,2019(24):52-4.

[125] 魏敏,李书昊.新时代中国经济高质量发展水平的测度研究[J].数量经济技术经济研究,2018,35(11):3-20.

[126] 宋耀辉.陕西省经济发展质量评价[J].资源开发与市场,2017,33(4):456-61.

[127] 李金昌,史龙梅,徐蔼婷.高质量发展评价指标体系探讨[J].统计研究,2019,36(1):4-14.

[128] 韩超,崔敏."双碳"目标约束下的高质量发展:内在冲突、机遇与应对[J].天津社会科学,2022(4):83-92.

[129] 郭朝先,方澳.人工智能促进经济高质量发展:机理、问题与对策[J].广西社会科学,2021(8):8-17.

[130] 金凤君.黄河流域生态保护与高质量发展的协调推进策略[J].改革,2019(11):33-39.

[131] 罗来军,文丰安.长江经济带高质量发展的战略选择[J].改革,2018(6):13-25.

[132] 李国平,宋昌耀.雄安新区高质量发展的战略选择[J].改革,2018(4):47-56.

[133] 吴雪娟,付艳涛,杨柳.数字经济背景下科技赋能流通产业高质量发展:禀赋与集聚的视角[J].商业经济研究,2022(2):16-19.

[134] 傅为忠,刘瑶.傅为忠产业数字化与制造业高质量发展耦合协调研究:基于长三角区域的实证分析[J].华东经济管理,2021(12):19-29.

[135] 余婕,董静.风险投资引入与产业高质量发展:知识溢出的调节与门限效应[J].科技进步与对策,2021(14):62-71.

[136] 祝合良,王春娟.数字经济引领产业高质量发展:理论、机理与路径[J].财经理论与实践,2020(5):2-10.

[137] 柴王军,李杨帆,李国,等.数字技术赋能体育产业高质量发展的逻辑、困境及纾解路径[J].西安体育学院学报,2022,39(3):292-300.

[138] 沈克印."双循环"新发展格局下体育产业高质量发展的宏观形态与方略举措[J].体育学研究,2021(2):11-19.

[139] 任波,黄海燕.数字经济驱动体育产业高质量发展的理论逻辑、现实困境与实施路径[J].上海体育学院学报,2021,45(7):22-34.

[140] 叶海波.新发展阶段数字经济驱动体育产业高质量发展研究[J].体育学研究,2021,35(5):9-18.

[141] 何强,徐光辉.城市效益视角下体育竞赛表演产业高质量发展的学理内涵与前景指向[J].上海体育学院学报,2020,44(11):55-65.

[142] 戴红磊,许延威.中国体育产业高质量发展思考[J].体育文化导刊,2020(9):86-91.

[143] 祁迪,祁华清,樊琦.粮食产业高质量发展评价指标体系构建[J].统计与决策,2022,38(5):6-11.

[144] 高维龙,李士梅,胡续楠.粮食产业高质量发展创新驱动机制分析:基于全要素生产率时空演化视角[J].当代经济管理,2021(11):53-64.

[145] 梁伟森,方伟.粮食产业高质量发展评价及其影响因素:基于广东省的经验证据[J].江苏农业科学,2021(12):215-221.

[146] 王济学,刘霓,郭军平.我国大豆加工产业高质量发展的思考[J].中国油脂,2021(5):1-5.

[147] 王瑞峰,王艳艳,曾海容.粮食产业高质量发展影响因素的实证检验[J].统计与决策,2021(18):103-107.

[148] 魏和清,周庆岸,李颖.文化产业高质量发展水平测度与障碍因素分析[J].统计与决策,2022,38(13):11-15.

[149] 荆立群,薛耀文."十四五"时期供给侧结构性改革推进文化产业高质量发展的创新路径[J].技术经济与管理研究,2021(5):102-106.

[150] 范建华,秦会朵."十四五"我国文化产业高质量发展的战略定位与路径选择[J].云南师范大学学报(哲学社会科学版),2021(5):73-85.

[151] 程相宾."一带一路"背景下民族文化产业创新与高质量发展研究[J].黑龙江民族丛刊,2021(1):127-132.

[152] 宗祖盼.深刻理解文化产业高质量发展的内涵与要求[J].学习与探索,2020(10):131-137.

[153] 魏鹏举.中国文化产业高质量发展的战略使命与产业内涵[J].深圳大学学报(人文社会科学版),2020,37(5):48-55.

[154] 韦艳,王欣宇,徐赟.智慧健康养老产业高质量发展的战略导向与实现路径[J].西安财经大学学报,2022,35(3):65-77.

[155] 张志强,钟炜林.高技术产业高质量发展效率测算及区域差异分析[J].统计与决策,2021(8):14-17.

[156] 刘丽.中国高技术产业高质量发展路径研究:以产业链为视角[J].技术经济与管理研究,2021(11):25-29.

[157] 张琦,万志芳.林业产业高质量发展系统动力机制研究[J].林业经济问题,2021(6):607-613.

[158] 刘飞,鲍身伟,王欣亮.人工智能时代养老产业高质量发展的抉择:依据、动力与策略[J].西北大学学报(哲学社会科学版),2020,50(2):150-159.

[159] 宋立人,洪恂,丁绪亮,等.现代中药学大辞典[M].北京:人民卫生出版社,2001:385.

[160] 张尚智.中国中药产业热点问题的研究综述[J].中国现代中药,2013,15(7):538-543.

[161] 托马斯.增长的质量[M].北京:中国财经出版社,2001:157-164.

[162] 赵昌文.推动我国经济实现高质量发展[N].学习时报,2017-12-25(1).

[163] Barro R J. Quantity and quality of economic growth[A]. Working Parers Central

Bank of Chile from Central Bank Chile,2004:1-39.

[164] 任保平.新时代中国经济从高速增长转向高质量发展:理论阐释与实践取向[J].学术月刊,2018,50(3):66-74+86.

[165] 何立峰.大力推动高质量发展,积极建设现代化经济体系[J].宏观经济管理,2018(7):4-6.

[166] 杨伟民.贯彻中央经济工作会议精神推动高质量发展[J].宏观经济管理,2018(2):13-17.

[167] 陈再齐,李震,杨志云.国际视角下经济高质量发展的实现路径及制度选择[J].学术研究,2019(2):79-86.

[168] 金碚.关于"高质量发展"的经济学研究[J].中国工业经济,2018(4):5-18.

[169] 王彩霞.新时代高质量发展的理论要义与实践路径[J].生产力研究,2018(10):18-22.

[170] 李金昌,史龙梅,徐蔼婷.高质量发展评价指标体系探讨[J].统计研究,2019,36(1):4-14.

[171] 王雪峰,曹昭乐.我国经济高质量发展的内涵、特征及要求[J].中国国情国力,2020(6):14-17.

[172] 郭春丽,王蕴,易信,等.正确认识和有效推动高质量发展[J].宏观经济管理,2018(4):18-25.

[173] 钞小静,薛志欣.以新经济推动中国经济高质量发展的机制与路径[J].西北大学学报(哲学社会科学版),2020,50(1):49-56.

[174] 赵剑波,史丹,邓洲.高质量发展的内涵研究[J].经济与管理研究,2019,40(11):15-31.

[175] 黄速建,肖红军,王欣.论国有企业高质量发展[J].中国工业经济,2018(10):19-41.

[176] 陈川,许伟.以人民为中心的高质量发展理论内涵[J].宏观经济管理,2020(3):15-20.

[177] 张治河,郭星,易兰.经济高质量发展的创新驱动机制[J].西安交通大学学报(社会科学版),2019(6):39-46.

[178] 戴孝悌.产业链视域中的中国农业产业发展研究[D].南京:南京林业大学,2015.

[179] 缐文,李大伟.后发大国的发展战略:从比较优势到适度赶超[J].宁夏社会科学,2016(5):76-83.

[180] 谢玮.主导产业优势评价模型与娄底产业结构研究[J].合作经济与科技,2008(10):16.

[181] 张宇燕,方建春.GDP与IWI:核算体系与人类福祉[J].经济学动态,2020(9):15-29.

[182] 刘琳.基于产业结构理论的欠发达地区产业结构优化研究[J].学术论坛,2016(8):58-62.

[183] 严建新,徐莉莉.论原始性创新对可持续发展的重要性:基于比较优势理论的分析[J].科技管理研究,2013(8):13-17.

[184] 国务院办公厅关于印发中医药健康服务发展规划(2015—2020年)的通知[EB/OL].[2020-9-28].http://www.gov.cn/zhengce/content/2015-05/07/content_9704.htm.

[185] 陶东杰,李成,张青.地方财政能力与营商环境的均衡路径依赖:理论解释与经验证据[J].财政科学,2022(4):43-57.

[186] 彭海雄.路径依赖、关键节点与近代广州公共卫生制度变迁:基于历史制度主义的分析[J].华南师范大学学报(社会科学版),2019(4):166-175,192.

[187] 张超,陈再齐."以开放促改革、促发展"的制度逻辑:来自广东的经验[J].产经评论,2019,10(6):148-157.

[188] 韩杨,陈雨生,陈志敏.中国高标准农田建设进展与政策完善建议:对照中国农业现代化目标与对比美国、德国、日本经验教训[J].农村经济,2022(5):20-29.

[189] 我国中药材市场与产业调查分析报告[EB/OL].[2020-12-11].https://mp.weixin.qq.com/s/d7XMDt7CotA7nf-o8a-3Nw.

[190] 王慧,张晓波,汪娟,等.2020年全国中药材种植面积统计分析[J].中国食品药品监管,2022(1):4-9.

[191] 牛红军,杨官娥.我国中药产业的现状及发展策略[J].中国药业,2009(12):2-3.

[192] 2020年中国中药材进出口贸易及发展展望分析[EB/OL].https://www.chyxx.com/industry/202103/935898.html.

[193] 推动中医药健康产业科学发展[EB/OL].[2021-5-28].http://www.satcm.gov.cn/xinxifabu/meitibaodao/2021-03-09/20687.html.

[194] 李宗友.中医药健康旅游正在兴起[N].中国中医药报,2014-11-05.

[195] 国家旅游局,国家中医药管理局.关于促进中医药健康旅游发展的指导意见[N].中国中医药报,2015-11-26.

[196] 孟晓伟,姚东明,胡振宇.中医药健康旅游发展现状与对策研究[J].江西中医药大学学报,2018(1):96-99.

[197] 蔡敏婕.广东中医药健康旅游受追捧[N].国际商报,2016-07-11.

[198] 陈伟光,丁汀,黄晓慧.医药养游海南医疗健康产业占GDP比重达11%[N].人民日报,2016-3-23.

[199] 李正昌.河南省中药产业发展模式及其创新[J].经济研究导刊,2019(23):51-53.

[200] 肖炯恩,吴应良,左文明,等.基于超效率DEA模型的跨源多维政务数据共享绩效评价研究[J].信息资源管理学报,2019(4):112-121.

[201] 王雅薇,周源,陈璐怡.我国人工智能产业技术创新路径识别及分析:基于专利分析法[J].科技管理研究,2019,39(10):210-216.

[202] 于君英,李宏,杜芹平,等.品牌综合评价指标体系及方法[J].统计与决策,2009(19):180-181.

[203] 刘怡,周凌云,耿纯.京津冀产业协同发展评估:基于区位熵灰色关联度的分析[J].中央财经大学学报,2017(12):119-129.

[204] 闫世刚.基于层次分析-模糊综合评价的北京市新能源产业竞争力研究[J].科技管理研究,2017,37(7):93-97.

[205] 蔡祖国,丁科,陈保国.武汉市规模以上企业专利创造存在的问题、原因及对策[J].科技管理研究,2016(4):86-91.

[206] 技术所处阶段对照表[EB/OL].[2020-9-28].http://www.pss-system.gov.cn/sipopublicsearch/portal/uiIndex.shtml.

[207] 杨建林,张璞."呼包鄂"区域品牌中的草原文化内涵探析[J].经济研究参考,2010

(40):43-46.

[208] 谌飞龙,龚艳萍.我国品牌发展格局分布及其内在产业协调性分析:基于 Interbrand 和 BrandZ 品牌价值榜的比较[J].兰州学刊,2014(7):156-163.

[209] 桑秀丽,肖汉杰,符亚杰,等.基于经验模态分解法的区域品牌价值评估及发展趋势预测[J].经济问题探索,2014(4):186-190.

[210] 李丽,俸芳.品牌评价方法的理论分析[J].中国资产评估,2005(5):41-44.

[211] 孙智,冯桂凤.我国中药材地理标志产业专利质量实证研究[J].中药材,2017(12):2741-2746.

[212] 党晨阳,张思文.中药护肤品品牌推广策略研究[J].国际公关,2020(7):285-286.

[213] 欧秀芳.我国中药产品出口现状分析[J].中国管理信息化,2019,22(4):144-145.

[214] 杨弘光,施建蓉,宋欣阳,等.论势在必行的中医药供给侧改革[J].中国医药导报,2018,15(4):90-94.

[215] 王慧娟,兰宗敏,杜锐,等.基于"动态钻石模型"的中国县域产业集群绩效空间差异研究:以通用设备制造业为例[J].经济与管理,2018,32(5):45-52.

[216] 徐平.关于我国中药行业标准化战略的思考[D].大连:大连理工大学,2002.

[217] 2018年版国家基本药物目录总品种数增至685种[EB/OL].[2018-09-05].中国政府网.

[218] 中美专家交流中药/天然药物注册与监管政策[N].中国医药报,2016-04-11.

[219] 史丽萍,贾亚男,刘强.团队目标导向影响因素的探索性研究:基于扎根理论和概念格-加权群组 DEMATEL 方法[J].运筹与管理,2016,25(2):104-112.

[220] 郭兰萍,康传志,周涛,等.中药生态农业最新进展及展望[J].中国中药杂志,2021,46(8):1851-1857.

[221] 郭兰萍,蒋靖怡,张小波,等.中药生态农业服务碳达峰和碳中和的贡献及策略[J].中国中药杂志,2022,47(1):1-6.

[222] 康传志,张燕,王升,等.基于多个利益相关方的中药生态农业经济效益分析[J].中国中药杂志,2021,46(8):1858-1863.

[223] 康传志,吕朝耕,王升,等.中药材生态产品价值核算及实现的策略分析[J].中国中药杂志,2022,47(19):5389-5396.

[224] 贾悦,魏子鲲,王静林,等.药农中药材生态种植技术采纳行为分析[J].中药材,2022,45(2):506-510.

[225] 杨利民.中药材生态种植理论与技术前沿[J].吉林农业大学学报,2020,42(4):355-363.

[226] 徐颖,钟恋,刘玉杰,等.中药饮片炮制规范化研究的思考[J].时珍国医国药,2015,26(2):355-356.

[227] 杨光,郭兰萍,周修腾.中药材规范化种植(GAP)几个关键问题商榷[J].中国中药杂志,2016,41(7):1173-1177.

[228] 王鑫,王艳翚.中药标准化战略对策初探[J].中国卫生事业管理,2018,35(1):1-2,23.

[229] 余亦婷,张倩,皮文霞,等.集约、标准化加工,信息、智能化储运:中药材产地初加工及储运管理现状与趋势分析[J].南京中医药大学学报,2020,36(5):635-640.

[230] 崔艳天.重视平台化发展模式推动文化产业转型升级[J].行政管理改革,2018(1):

39-41.

[231] 邵学清,周翔,彭程.建立中药产业创新支撑平台可行性研究[J].中国科技论坛,2010(5):41-46.

[232] 何大安,周法法.互联网平台应用对产业结构转型的影响研究:内在机理与实证检验[J].商业经济与管理,2022(6):52-67.

[233] 梁凯桐,刘子志,陆金国,等.专利视角下珠三角中药产业共性关键技术创新路径研究[J].科技管理研究,2021(23):82-87.

[234] 谢荣军,袁永友,王玉婷.数字技术对中医药产业服务贸易转型升级与创新的影响[J].税务与经济,2022(5):87-93.

[235] 李文军,李巧明,袁渊.数字创意产业的技术创新与商业模式创新对企业绩效的影响:基于LDA法的创新测度与计量检验[J].重庆社会科学,2022(7):67-83.

[236] 方湖柳,潘娴,马九杰.数字技术对长三角产业结构升级的影响研究[J].浙江社会科学,2022(4):25-35.

[237] 陈晓坚,袁佳琦.广州番禺区全域旅游品牌设计实践研究[J].包装工程,2020,41(22):224-229.

[238] 刘力钢,陈金.大数据时代边境地区县域全域旅游目的地品牌形象提升策略[J].企业经济,2019(10):48-54.

[239] 李俊玲,王富俊,刘明明.白鹿原樱桃产业区域品牌营销策略研究[J].山西农经,2022(13):166-168.

[240] 杨佳利.产业集群品牌对消费者产品感知质量影响的实证分析[J].统计与决策,2015(23):106-110.

[241] 梁益琳,张新,李玲玲."两化"深度融合对产业结构调整的影响:基于系统建模和政策仿真的分析[J].技术经济与管理研究,2022(1):9-15.

[242] 陈晓涛.产业链技术融合对产业生态化的影响[J].科技进步与对策,2007(3):52-54.

[243] 韩立红,田国双,高环.产业融合对森林康养产业发展的影响[J].东北林业大学学报,2021,49(8):100-105.

[244] 张康洁,于法稳,尹昌斌.产业组织模式对稻农绿色生产麵影植制分析[J].农村经济,2021(12):72-80.

[245] 王雨濛,于彬,李寒冬,等.产业链组织模式对农户农药使用行为的影响分析:以福建省茶农为例[J].农林经济管理学报,2020,19(3):271-279.

[246] 曾龙,陈淑云,付振奇.土地规模化经营对农村产业融合发展的影响及作用机制[J].资源科学,2022,44(8):1560-1576.

[247] 朱纪广,李小建.产业集聚对区域经济高质量增长的影响效应:基于空间溢出效应视角[J].经济地理,2022,42(10):1-9.

[248] 潘玲颖,陈锦奇,柴博涵."双碳"目标下新能源发电产业集聚对区域绿色发展的影响研究[J].动力工程学报,2022(11):1051-1060.

[249] 王染,杜红梅.产业集聚对我国制造业全球价值链水平的影响[J].统计与决策,2022(8):95-99.

[250] 杨毅,田侃,田虹.中药资源外源性污染问题管控研究[J].中国药房,2016,27(34):4885-4888.

[251] 俞磊明,朱光明,钱文博,等.基于QbD理念的丹参质量管理[J].中成药,2017,39

(10):2132-2136.

[252] 常昕楠,徐德生,刘力,等.中药注射剂处方点评思路探索及分析[J].中国药房,2016,27(26):3715-3718.

[253] 梁锦杰,吴燕红,张燕梅,等.中药制剂稳定性研究中含量测定的问题分析[J].中国实验方剂学杂志,2014,20(12):253-258.

[254] 李佳.中药二次开发为大品种发功[N].医药经济报,2015-2-9(7).

[255] 徐彬,揭筱纹.多元共生:农业科技企业技术创新的战略导向[J].软科学,2010(7):116-120.

[256] 耿达,傅才武.带际发展与业态融合:长江文化产业带的战略定位与因应策略[J].福建论坛(人文社会科学版),2016(8):127-133.

[257] 厉无畏,王振.中国产业发展前沿问题[M].上海:上海人民出版社,2003.

[258] 赵飞.新形势下的中药材行业发展探析[J].南京中医药大学学报(社会科学版),2016,17(2):122-126.

[259] Lvarez G A, Coque J M, Mas-verd F, et al. Technological innovation versus non-technological innovation: different conditions indifferent regional contexts[J]. Quality& Quality,2017,51(5):1955-1967.

[260] 陈寒松,牟筱笛,贾竣云.创业企业何以提高创新绩效:基于创业学习与商业模式创新协同联动视角的QCA方法[J].科技进步与对策,2020,37(6):19-26.

[261] 张辉,苏昕.网络嵌入、动态能力与企业创新绩效:模糊集定性比较分析[J].科技进步与对策,2020,37(6):1-9.

[262] 专利检索分析[EB/OL].http://pss-system.cnipa.gov.cn/sipopublicsearch/patent-search/ tableSearch-showTableSearchIndex.shtml

[263] 中国中药协会发布2020中国中药品牌[J].中国现代中药,2020,22(12):1946.

[264] 关于国家中医药健康旅游示范基地创建单位名单公示[EB/OL].[2018-03-24].http://www.satcm.gov.cn/guohesi/zhengcewenjian/2018-03-24/3936.html

[265] 冯旭,王凡.组态视角下高技术产业创新效率提升路径研究[J].科技进步与对策,2021(11):54-60.

[266] 程伟,刘阳,黄璐琦.北京中药产业现状与发展策略[J].中国现代中药,2016(2):131-136.

[267] 袁永,陈丽佳,王子丹.英国2017产业振兴战略主要科技创新政策研究[J].科技管理研究,2018(13):53-58.